Oben ohne

Für Ella,
meine wunderbare Beraterin

JUTTA NYMPHIUS

TULIPAN VERLAG

wer bin ich?

Ich wäre so gern eine Sanduhr. Aber ich bin die Pyramide.

»Mach dir keine Sorgen, das ist überhaupt kein Problem«, erklärt Silva mir gerade. »Das können wir alles suuupergut verstecken und du kannst trotzdem richtig heiß aussehen.«

Aha, da haben wir's. Die Worte »verstecken« und »trotzdem« sind nicht gerade das, was mich jetzt aufbauen könnte. Dabei habe ich das mit dem »Verstecken« sowieso schon ganz gut raus. Oversize-Pullis sind, glaube ich, eigens für mich erfunden worden. Hauptsache, alles ist schön schlabbrig, damit nichts zu erkennen ist.

Obwohl – so richtig viel gibt es da gar nicht zu sehen, zumindest nicht obenrum, dafür weiter unten umso mehr. Diese verschiedenen Figurtypen hat mir Silva eben ganz genau erklärt: »Bei der Sanduhr-Frau sind die

Schultern genauso breit wie die Hüften. Und die Taille dazwischen ist gaaanz schmal«, hat sie gesagt und mir dabei ein strahlendes Lächeln mit so weißen Zähnen geschenkt, wie ich es nur aus amerikanischen Filmen kenne. Kein Wunder, dass Silva so glücklich lacht, denn sie ist selbst ein Musterbeispiel für die gaaaaanz tolle Sanduhr-Figur. Wenn man sie umdreht, rieselt es wahrscheinlich aus ihrem Kopf. »So eine Figur ist natürlich der Idealfall!« Noch mehr amerikanische Zähne bleckten mich an.

Aha, der »Idealfall« bin ich also nicht. Was aber dann? Das wurde mir auch sofort erklärt: »Die Pyramidenfigur dagegen ist oben schmal und unten breiter.« Jetzt allerdings war es vorbei mit dem Strahlen. Silva seufzte nur noch bedauernd und zuckte hilflos mit den Schultern.

Ist heute eigentlich Dienstag? Dann könnte ich mal wieder einen Blick riskieren. Ich lupfe meinen Pulli ein wenig und schaue von oben in den Ausschnitt hinein. Täusche ich mich oder hat meine Oberweite ein ganz klein wenig zugenommen? Nein, wohl doch eher nicht, denn der Unterschied zum Bauch ist nicht kleiner geworden, der steht immer noch deutlich stärker vor. Schnell lasse ich den Ausschnitt wieder los. Früher habe ich jeden Tag meine Oberweite überprüft, aber nie hat sich etwas getan. Und dann ist mir eingefallen, dass Tante

Ulla, wenn sie zu Besuch kommt, immer ruft: »Nein, bist du aber seit dem letzten Mal gewachsen!« Und weil niemand Tante Ulla leiden kann und sie deshalb sehr selten bei uns ist, habe ich daraus messerscharf geschlossen, dass man das Wachsen nur sehen kann, wenn man nicht zu häufig guckt. Mama oder Papa rufen schließlich auch nie »Bist du aber schon wieder groß geworden!«, wenn sie mich morgens beim Frühstück sehen. Also habe ich mir vorgenommen, immer dienstags nach meinen Brüsten zu sehen, aber genutzt hat es auch nichts. Immer noch oben ohne, fast jedenfalls. Wahrscheinlich ist eine Woche doch zu kurz, Tante Ulla kommt ja auch viel seltener. Gott sei Dank.

»Ich habe für dich ein paar gaaanz tolle Kleider rausgesucht, die du gut tragen kannst, ohne dein Unterteil noch weiter zu betonen«, kräht Silva jetzt fröhlich. »Wichtig ist, dass die Taille weit über den Hüften ansetzt, um die nicht noch breiter wirken zu lassen.«

NOCH breiter. Aber es kommt NOCH schlimmer.

»Oben kannst du ein hübsches Bandeau-Top tragen, das sieht in jedem Fall super aus.«

Ich starre auf das Kleid, das Silva mir vorschlägt. Ein kurzes, knallrotes Glitzerteil mit einem »hübschen« Bandeau. Das Kleid sieht wirklich sehr schön aus. Das Problem ist nur, dass das Model, das es trägt, mit einer

Pyramiden-Figur ungefähr so viel gemeinsam hat wie ein Dackel mit einer Parkuhr. Die Hüften sind schmal, weit und breit ist kein Bauch zu sehen und die Oberweite so gewaltig, dass sie nicht nur dieses Kleid, sondern bestimmt auch mühelos eine ganze Ritterrüstung halten könnte. Bei mir aber würde das Bandeau ganz bestimmt mit jedem Schritt Stück für Stück nach unten rutschen und erst an meinem Bauch haltmachen. In diesem Kleid müsste ich also immer wie festgewachsen an einem Fleck stehen bleiben.

Tschüss, Silva.

Frustriert schließe ich YouTube und öffne lieber schnell meine Bilder-Galerie. Es gibt nämlich sehr wohl Klamotten, die ich suuupergut tragen kann und in denen ich fantastisch aussehe. Ganz knappe Bikinis zum Beispiel.

Wie von selbst gleiten meine Finger über die Tasten, ich muss nicht einmal mehr hinschauen, so oft habe ich das schon gemacht. Zwei Fotos auswählen, laden, Kopf ausschneiden, in die Zwischenablage kopieren, in das andere Bild einfügen. Jetzt die Hintergrundebene ausblenden, mit dem Zeichenwerkzeug die Kante nachfahren und verbessern, weicher und runder soll sie aussehen. *Klack, klack, klack,* meine Finger springen zu immer neuen Befehlen. Hintergrundebene wieder einblenden, den Kopf in die richtige Position bringen, ihn drehen und die Größe transformieren. Der Übergang zum Hals sieht noch nicht gut aus. Also mit dem Pinsel von Taste B einen weichen Übergang zeichnen und dann auf der Hintergrundebene mit Taste S die restlichen Haare vom alten Kopf entfernen. Heranzoomen: Ja, schon nicht schlecht, aber ich wähle besser eine geringere Härte, dann sieht es viel echter aus. Jetzt noch Helligkeit hinzufügen und Kontraste verstärken.

Hm. Gut sehe ich aus. Ich spüre, wie sich auf meinem Gesicht ein ähnliches Film-Lächeln wie auf Silvas breitmacht. Ah, genau, die Zähne: Gelbtöne alle raus, die wollen wir hier nicht. Und da, sind das etwa Pickel und rote Flecken auf der Haut? Auch weg damit. Dann natürlich noch das Wichtigste: diesen hässlichen Hubbel auf meinem Riechorgan entfernen. Wie ich den hasse! Jeder Märchenhexe mache ich damit Konkurrenz! Aber kein Problem, auf Taste J wartet der Reparaturpinsel schon auf seinen Einsatz. Klick, klick, klick, meine Finger sorgen blitzschnell für eine so schmale und gerade Nase, dass Kleopatras daneben wie die eines Boxers aussehen würde.

Ich seufze zufrieden und lehne mich entspannt zurück. Ob sich Papa das wohl so gedacht hat, als er mir damals diesen Laptop schenkte? Ich weiß noch genau, wie er feierlich verkündete: »Liebe Amelie, mit der weiterführenden Schule beginnt ein neuer Lebensabschnitt für dich! Da wird es Zeit für einen eigenen Computer, haben wir uns gedacht. Bestimmt kannst du ihn gut gebrauchen, meine Große!«

Oh ja, das kann ich. Prüfend beuge ich mich wieder vor und betrachte das Foto auf dem Display ganz genau: Kein Zweifel, ich sehe super aus! Lässig rekele ich mich in einem Liegestuhl, bekleidet nur mit einem Bikini, für den höchstens ein Gramm Stoff verwendet wurde. Ich befinde mich an einem Traumstrand in der Südsee, obwohl ich noch nie weiter als bis Sankt Peter-Ording gekommen bin. (Da hat Tante Ulla ein Ferienhaus, das wir immer billig mieten können.)

Mit der richtigen Bildbearbeitung ist eben alles möglich. Denn es ist zwar mein Gesicht, das mich vom Foto fröhlich anlächelt, aber »mein« Körper ist eigentlich der von Gigi Hadid.

knallende türen

»Das heißt, du kommst heute schon wieder nicht nach Hause? Auch abends nicht? Amelie und ich bleiben also mal wieder allein?« Papa brüllt so laut, dass ich sogar hier oben noch vor Schreck zusammenzucke, als ich meine Zimmertür öffne. Oh nein, nicht schon wieder!

Seit einiger Zeit geht das so, seit ziemlich langer Zeit sogar. Es fing damit an, dass sich Mama, als ich vor zwei Jahren in die fünfte Klasse kam, eine Arbeit gesucht hat. »Jetzt, wo Amelie groß ist, kann ich endlich wieder einmal etwas für mich tun«, hat sie gesagt. Papa fand das gut und ich hatte auch nichts dagegen. Schließlich brauchte ich nun wirklich keinen Babysitter mehr und am Nachmittag wäre Mama auch wieder zurück.

Inzwischen findet Papa das aber nicht mehr so toll, ganz im Gegenteil. Ständig streiten die beiden darüber.

Wahrscheinlich hat Mama doch mehr für sich getan, als Papa gedacht hatte.

Eigentlich wollte ich nur schnell in Mamas und Papas Schlafzimmer gehen. Aber jetzt stehe ich hier oben auf der Galerie und traue mich nicht vor und zurück. Vorsichtig gucke ich über das Geländer hinunter in unser Küchen-Ess-Wohn-Zimmer. Wir haben nämlich im Erdgeschoss keine Türen, alles ist offen, voller »Licht und Luft«, wie Mama früher immer geschwärmt hat. Jetzt schwärmt sie nicht mehr, sondern rennt aufgebracht hin und her und scheint verzweifelt nach einer Tür zu suchen, die sie hinter sich zuknallen kann. Aber da ist keine und deswegen muss sie Papa weiter zuhören.

»Mona, so geht es doch nicht weiter! Damit muss doch mal Schluss sein, hörst du?« Papa breitet einen Moment flehend seine Arme aus, lässt sie dann aber so kraftlos wieder fallen, als seien sie zu schwer für ihn geworden.

Mama stoppt ihren Lauf und wirbelt zu Papa herum. »Ach ja«, kreischt sie, »damit muss mal Schluss sein? Und was ist mit dir? Seit Jahren kommst und gehst du, wie es dir passt, nie habe ich etwas dazu gesagt, aber bei mir muss mal Schluss sein? Wie wäre es denn, wenn *du* mal zu Hause bleiben würdest?« Dann macht sie sich wieder auf Türensuche, rennt sogar in den kleinen Flur und bleibt einen Moment unschlüssig vor der winzigen

Besenkammer stehen. Aber dort hinein will sie sich dann wohl doch nicht flüchten, also macht sie kehrt und läuft wieder zurück. Sie erinnert mich an diese Aufziehfiguren, die automatisch bei jeder Kante abstoppen und umdrehen.

»Denkst du denn nie an Amelie?«, fleht Papa in diesem Moment. »Nein«, gibt er sich dann sofort selbst die Antwort, »das tust du nicht. Da ist kein Platz mehr für Mann und Tochter, was? Und ich weiß auch, warum!«

»So, das weißt du? Gar nichts weißt du!« Mamas Stimme klingt immer seltsamer, schrill und hoch, ist schon lange nicht mehr die, die mir früher abends beim schummrigen Licht der kleinen Lampe Gute-Nacht-Geschichten vorgelesen hat.

Da fällt mir ein, dass ich schon damals immer hier gehockt habe, auf der Galerie, und es wahnsinnig lustig fand, Mama und Papa heimlich zu beobachten. Weil ich aber noch nicht über das Geländer gucken konnte, so wie heute, habe ich mich dabei auf den Boden gesetzt und durch die Stäbe gelinst. Einmal hat Papa ein Foto davon gemacht. Es zeigt mich mit vergnügt baumelnden Beinen und einem so glücklichen Lachen, als würde ich nicht ins Wohnzimmer, sondern in eine Zirkusmanege voller Clowns gucken. Noch heute steht das Foto auf dem Kamin, in einem silbernen Rahmen.

Versuchsweise lasse ich mich auf den Boden sinken, genau wie früher, so als könnte ich damit vielleicht auch mein Lachen zurückholen. Aber es funktioniert nicht. Außerdem sind meine Beine viel zu dick geworden, sie passen nicht mehr durch die Gitterstäbe. Ich muss sie ziemlich unbequem anwinkeln, und als ich die Stäbe umklammere und meinen Kopf gegen das kühle Metall presse, komme ich mir nicht mehr vor wie eine Zuschauerin im Zirkus, sondern eher wie ein Affe im Käfig.

Jetzt stehen Mama und Papa genau voreinander und gucken sich stumm an.

»Es ist Andreas, nicht wahr? Der aus der Rechtsabteilung.« Sogar hier oben erreicht mich die Traurigkeit in Papas Stimme, die durch all die »Luft« und das »Licht« unseres offenen Hauses bis zu mir schwebt. Ich umklammere die Stäbe fester und gucke jetzt lieber auf meine Knöchel, die immer weißer werden. Ach, Mama.

»Mir reicht's. Mit dir kann man ja nicht reden!« Mama dreht sich endgültig um und stürmt auf die Treppe zu, die hoch zur Galerie führt. Zu mir. Ich habe keine Chance mehr, zu verschwinden, also bleibe ich einfach sitzen.

Mama rennt so schnell an mir vorbei, dass ich einen leichten Luftzug im Nacken spüre. Sie bemerkt mich gar nicht, sondern verschwindet sofort im Schlafzimmer. Endlich kann sie eine Tür zuknallen, und zwar so heftig, dass unten das Foto auf dem Kamin umfällt. Samt silbernem Rahmen.

Ich ziehe mich am Geländer hoch und gucke unschlüssig zwischen meinem und Mamas Zimmer hin und her. Was soll ich denn jetzt machen? Gleich muss ich in die Schule und ich stehe immer noch im Top da. Außerdem … Ich schlucke. Nein, so will ich nicht gehen.

Zaghaft klopfe ich an die Tür. Als Mama nicht antwortet, öffne ich sie vorsichtig und stecke den Kopf ins Zimmer. Mama steht am Fenster und guckt hinaus. »Willst du dir wieder ein Hemd von Papa ausleihen?«, fragt sie, ohne sich umzudrehen. Ihre Stimme klingt heiser. Sie räuspert sich.

»Ja«, sage ich verlegen und husche schnell zu Papas Schrank. In letzter Zeit trage ich seine Hemden am liebsten. Sie sind so schön lang und weit, und die Ärmel kann ich ja hochkrempeln.

Jetzt dreht sich Mama doch noch zu mir um. »Was findest du nur an diesem Schlabberlook?« Verständnislos schüttelt sie den Kopf.

Mama hat gut reden. Dabei weiß ich noch gut, dass sie früher selbst am liebsten in Jogginghose und weitem Pulli herumgelaufen ist. Aber inzwischen hat sie ihre

Garderobe komplett ausgetauscht, weit und breit keine Beutelsachen mehr zu sehen. Jetzt trägt Mama hautenge Röcke, noch engere Oberteile und hochhackige Schuhe, für die eigentlich Helmpflicht bestehen sollte, so groß ist die Gefahr, damit zu stürzen. Einmal habe ich sie heimlich ausprobiert und bin sofort umgeknickt. Noch Tage später humpelte ich dermaßen, dass Papa mich schon zum Arzt schicken wollte.

Ein bisschen neidisch gucke ich Mama an. Ich muss zugeben, dass ihr das neue Outfit ziemlich gut steht. Sie scheint auch dünner geworden zu sein. Prüfend dreht sie sich vor dem Spiegel hin und her. Sie sieht sich erst von vorn, dann von der Seite an und streicht sich über den Bauch, oder zumindest über die Stelle, an der normalerweise ein Bauch ist. Aber bei ihr ist es da so flach wie bei mir nur die Brust, und trotzdem scheint sie nicht zufrieden zu sein. Plötzlich zerrt sie entnervt an ihrem Reißverschluss, reißt sich den Rock runter, schleudert ihn in eine Ecke, öffnet ihren Schrank, sucht eine Weile und zieht schließlich einen neuen hervor, der NOCH enger ist. Mit einem Mal komme ich mir in Papas Hemd so plump und unförmig wie Hagrid vor.

Ich muss das jetzt wissen, auch wenn mein Herz mich durch heftiges Klopfen davon abhalten will. »Mama?«, frage ich leise.

»Hm?«, kommt ein Nuscheln zurück. Mama steckt sich gerade die Haare hoch und hat sich eine Spange zwischen die Lippen geklemmt.

Einen Moment zögere ich noch, doch dann traue ich mich. »Kommst du heute Abend nach Hause?«

Mama unterbricht das Haare-Hochstecken abrupt und bleibt bewegungslos stehen, richtig steif sieht sie einen Moment aus. Dann schüttelt sie stumm den Kopf und ihre Hände nehmen die Arbeit wieder auf.

Einen Moment starre ich noch auf Mamas Rücken, aber es kommt nichts mehr. Also stehe ich auf und gehe hinaus. Die Tür schließe ich ganz leise hinter mir. Ohne sie zu knallen.

der kuschelteddy

»Denkt an die Metaphern! Die Metaphern sind das Wichtigste!«, ermahnt uns Frau Hein, unsere Deutschlehrerin, immer. »Mit ihnen kann man Dinge ausdrücken, für die man sonst keine Worte findet.«

Okay, dann versuche ich es mal. Nicki ist ... ein warmer Kakao an einem kalten Wintertag. Ein weiches Bett, in das man sich abends erschöpft fallen lässt. Ein Kuschelteddy, der schon immer auf einen gewartet hat, noch bevor man überhaupt geboren war. Vielleicht sind das überhaupt die beiden wichtigsten Worte über Nicki: schon immer. Schon immer hat er neben mir gewohnt und schon immer sind wir beste Freunde.

Heute allerdings ist Nicki vor allem eines: mein Versuchskaninchen. Bei keinem anderen würde ich mich trauen, das auszuprobieren, was ich jetzt vorhabe.

Gleich werde ich zu ihm hinübergehen. Eigentlich muss ich dafür nur hinten im Garten über den Zaun klettern. Aber heute geht das nicht, denn dann würde womöglich alles noch verrutschen. Weil ich noch keinen eigenen BH habe, musste ich mir für mein kleines Experiment nämlich heimlich einen von Mama ausborgen. Und obwohl ich die Träger hinten mit einer von Papas großen Büroklammern zusätzlich zusammenhalte, ist er immer noch ein bisschen locker. Dabei habe ich mich doch ganz genau an die Anleitung dieses »sensationellen BH-Hacks« von *Tibis Beauty Farm* gehalten:

1. *Wähle einen BH, der noch Luft in den Körbchen hat.* (Kein Problem für mich.)

2. *Dann nimm zwei Socken und falte sie jeweils in der Mitte über der Ferse. Jetzt liegt der Zehenteil über der Öffnung. Stecke den Zehenteil in die Öffnung hinein.*

3. *Stopfe die so gefalteten Socken unten in die Körbchen. Achte dabei darauf, dass die Ferse nach außen guckt, aber ganz im BH verschwindet! So kannst du deine Brüste richtig aufblasen und dir ein super Dekolleté zaubern!*

Ich war mit dem Zaubern lieber ein bisschen vorsichtig, schließlich soll es nicht zu sehr auffallen, von null auf hundert sozusagen. Also habe ich nur dünne Socken genommen. Aber immerhin trage ich ein einigermaßen enges T-Shirt, damit man überhaupt etwas sieht.

Ich schaue an mir herunter: Ein ganz komisches Gefühl ist das, plötzlich Oberweite zu haben. Aber es fühlt sich gar nicht schlecht an, ganz gut sogar. Ich bemerke, wie sich meine Schultern von selbst straffen, sich mein Rücken aufrichtet. So verlasse ich das Haus vorn durch die Tür und nehme den Umweg über die Straße, um zu sehen, was Nicki dazu sagt und wie er es findet.

Ich höre ihn und seinen Vater schon von Weitem. Zwar könnte man sie auch mit einer Kindergartengruppe verwechseln, solch einen Lärm machen sie, aber das kenne ich schon. »Hey, na warte!«, »Gleich habe ich dich!«, »Aus dem Weg, jetzt komme ich!« Und dann, ganz unverwechselbar: »Welcher widerwärtige Wüstling wagt wiederholten Widerstand?«

Das kann nur einer sein: Nicki. Er liebt es, in Alliterationen zu sprechen. In der Grundschule haben wir das immer im Deutschunterricht gespielt, um das Alphabet schneller zu lernen. Unsere Lehrerin Frau Wolter gab uns einen bestimmten Anfangsbuchstaben und wir mussten möglichst viele Wörter damit finden. Ich habe mich dabei schrecklich gelangweilt, schon Stadt, Land, Fluss fand ich immer furchtbar, aber Nicki überschlug sich sofort vor Begeisterung. Er beließ es nicht lange bei einzelnen Wörtern, sondern bildete bald ganze Sätze mit immer gleichen Anlauten, erzählte manchmal ganze Geschichten auf diese Art und ging uns allen damit gehörig auf die Nerven. Und das ist bis heute so geblieben.

Mit dem, was ich zu sehen bekomme, als ich um die Ecke hinters Haus biege, habe ich dann aber trotz des Lärmes nicht gerechnet: Die beiden springen und rennen johlend über den Rasen und bespritzen sich gegenseitig mit Wasserpistolen! Nickis Vater ist noch im Anzug, er muss gerade erst von der Arbeit nach Hause gekommen sein, seine Krawatte allerdings hat er schon quer über den Tisch geworfen. Außerdem ist er barfuß, und seine Schuhe und weißen Socken liegen so weit verteilt im Garten, als sei er während des Laufens aus ihnen herausgesprungen.

Einen Moment bleibe ich stehen und sehe den beiden zu, ohne dass sie mich bemerken. Nicki hat, natürlich, mordsmäßig viel Spaß, er wirft sich auf den Boden, beschießt seinen Vater aus einer Drehung heraus, springt wieder auf und geht hinter dem Gartentisch in Deckung, den er dafür samt Krawatte einfach umwirft. Auch Nickis Vater ist voll dabei, allerdings ist er nicht so schnell wie sein Sohn. Er ist nämlich ungefähr genauso breit wie hoch, eigentlich sieht er aus wie eine Kugel, und sein Kopf, der kaum noch Haare hat, glänzt zudem wie eine. Seine dicke Brille rutscht ihm ständig von der Nase, weswegen er es sich angewöhnt hat, sie immer wieder zu kräuseln, wohl um das Gestell aufzuhalten. Das hilft aber nichts, denn spätestens, wenn er lacht, rutscht die Brille endgültig herunter. Und er lacht oft. Ich mag ihn sehr.

Nicki wird bestimmt mal genau wie sein Vater aussehen, denke ich häufig. Wenn ich die Augen schließe, kann ich die beiden jetzt schon kaum noch unterscheiden, sie haben die gleiche Art zu sprechen und klingen immer, als würden sie gerade über irgendetwas in totale Begeisterung ausbrechen. Wie Nickis Mutter aussieht, weiß ich nicht. Ganz früher standen von ihr einige Fotos auf dem Kamin im Wohnzimmer, hat Nicki mir mal erzählt. Aber eines Tages hat sein Vater alle weggeräumt und nie wieder hervorgeholt. Jetzt stehen nur noch Bilder von ihm und seinem Vater da. Komisch. Bei uns gibt es immer nur welche von mir, auch solche, die ICH am liebsten verschwinden lassen würde, zum Beispiel eines, das mich vollkommen nackig, mit kurzen, stämmigen

X-Beinchen neben einem Planschbecken zeigt. Aber da ist nichts zu machen, sie bleiben stehen. Es ist schon seltsam mit den Kaminen. Sie scheinen mehr Geschichten zu erzählen als jede Netflix-Serie.

Wasserpistolen, das muss man sich mal vorstellen! Damit habe ich, glaube ich, das letzte Mal gespielt, als es mir noch egal war, ob ich dabei etwas anhatte oder nicht. So wie auf dem X-Bein-Foto eben.

Jetzt hat mich Nicki entdeckt. »He, Amelie!« Er sprintet zu mir heran und zielt begeistert auf mich, lässt aber langsam seine Pistole sinken, als er meinen Blick bemerkt. »Äh, hallo!«

»Hallo«, entgegne ich würdevoll und gehe endlich durchs Törchen in den Garten. Dann bleibe ich direkt vor Nicki stehen, sage aber nichts. Ich richte mich noch ein Stückchen weiter auf. Erwartungsvoll blicke ich ihn an.

»Äh, ist was?«, fragt Nicki schließlich vorsichtig.

»Fällt dir nichts an mir auf?«

Stumm sieht mich Nicki an. Dann schüttelt er den Kopf. »Nö. Was denn?«

»Gar nichts? Guck mal genau«, beharre ich.

»Hm.« Nicki guckt genau, überlegt. Dann hellt sich sein Gesicht auf. »Tätige tausend Tipps, Teure!«

Ich seufze und winke ab. »Schon gut.« Hier fehlt es eindeutig an dem nötigen Ernst. Also gehe ich durch den Garten zum Tisch, allerdings immer noch sehr aufrecht, um Nicki eine letzte Chance zu geben.

»Amelie, wie schön, wir haben dich so lange nicht gesehen!« Nickis Vater kommt zu mir und wirft im Laufen sein Sakko von sich, das neben einer Socke auf dem Rasen landet. Schwer atmend bleibt er vor mir stehen und strahlt mich an, während er, zu spät, die Nase kräuselt. Mit einem Finger bringt er die Brille schnell wieder in Position. »Wie wär's mit einer Limo?«

Ich kann nicht anders, ich muss lachen, als er jetzt so vor mir steht. »Ja, gern, danke!« Schon dreht er ab und verschwindet im Haus. Ich bin gespannt, welches Kleidungsstück fehlen wird, wenn er wieder herauskommt.

Nicki stellt den Tisch auf, setzt sich und rückt mir einladend ebenfalls einen Stuhl hin. »Wie geht's dir denn so? Wir sehen uns ja kaum noch, das ist blöd.«

»Ja, wirklich«, bekräftigt sein Vater, der inzwischen mit einem Tablett zurückgekehrt ist. Er ist jetzt im Unterhemd. »Es ist wirklich zu schade, dass ihr nicht in eine Klasse gekommen seid! Nicki vermisst dich, ehrlich! Und ich erst!« Dabei lächelt er mich so liebevoll an, dass ich am liebsten sofort aufspringen und ihn umarmen würde. Auch Nicki nickt heftig zur Bestätigung mit dem Kopf.

Als wir letztes Jahr nach der Erprobungsstufe in die siebte Klasse kamen, hat sich Nicki wie immer gewünscht, mit mir gemeinsam zu wechseln. So hatten wir es schon nach der Grundschule gemacht und da hatte es auch geklappt. Diesmal allerdings wollte ich unbedingt mit Lina und Celine, den beiden coolsten Mädchen überhaupt, in eine Klasse kommen, und damit waren meine beiden möglichen Wünsche schon vergeben. Nie werde ich Nickis enttäuschtes Gesicht vergessen, als er nach der Verkündung der Klasseneinteilungen aufgeregt zu mir kam. Er glaubte an einen Fehler, und ich war gezwungen, ihm alles zu beichten. Gesagt hat er nichts, nicht mal die kleinste Alliteration fiel ihm dazu ein. Aber er guckte mich an, als würde ich ihn gerade fest kneifen. Bist du denn wenigstens mit deinem zweiten Wunschpartner in eine Klasse gekommen, habe ich ihn gefragt und damit trösten wollen. Nein, hat Nicki nur geflüstert und plötzlich habe ich es kapiert: Er hatte mich zur Sicherheit zweimal gewünscht.

»Wie läuft's denn mit Lina und Celine?«, fragt er jetzt ehrlich interessiert. Nachtragend ist Nicki wirklich nicht, das mag ich so an ihm.

Ich zucke mit den Achseln. Sind die beiden meine Freundinnen? Ich weiß es, ehrlich gesagt, nicht. Sie gehen mir nicht gerade aus dem Weg, aber viel mehr auch nicht. Ein paarmal haben wir uns allerdings schon nachmittags getroffen, bei mir zu Hause. Zwar war das immer vor einer Klassenarbeit, und ich habe ihnen bei den Vorbereitungen geholfen, aber immerhin. »Ganz gut«, antworte ich also ausweichend.

»Machst du ihnen noch immer ihre Hausaufgaben?«, hakt Nicki nach.

»Nein, das war nur das eine Mal«, antworte ich ungewollt heftig. Dass Nicki immer wieder darauf herumhacken muss! Ein einziges Mal habe ich auf dem Schulhof den beiden schnell noch vor dem Unterricht ihre Aufgaben gemacht, ein einziges Mal! Na ja, vielleicht waren es auch zwei oder drei Male, aber mehr bestimmt nicht.

In diesem Moment ertönt noch lauteres Gejohle als vorhin. Es kommt vom Gartenzaun. Tim und Luke sind gerade dabei, darüberzuklettern. Ich kenne die beiden vom Schulhof, sie gehen mit Nicki in eine Klasse und spielen in der Pause manchmal sogar noch Fangen, genau wie die Fünftklässler! Dann mache ich mich jetzt lieber mal auf. »Ich muss los.«

Nicki guckt mich erschreckt an. »Jetzt schon?« Als ich nicke, fügt er hinzu: »Wir können doch auch mal wieder was zusammen machen, oder?«

Schon im Gehen, drehe ich mich noch einmal um.

»Was denn, Spielen vielleicht?«, frage ich spöttischer, als ich es eigentlich wollte. In diesem Moment trifft mich im Rücken ein Strahl aus einer Wasserpistole und Tim und Luke stürmen jubelnd an mir vorbei in den Garten.

der adler

Schon kurz vor acht! Wie immer rase ich auf den letzten Drücker durchs Tor.

»He, Amelie, zum tausendsten Mal, auf dem Schulhof ist Fahrradfahren verboten!«, brüllt Herr Büchel, mein Mathelehrer, zu mir herüber und fuchtelt wütend mit den Armen.

Ja, ja, alles gut. Ich werde schon keine kleinen Kinder plattfahren. Genervt bremse ich und steige ab. Da entdecke ich weiter hinten Lina und Celine, die sich über irgendetwas beugen. Schnell schließe ich mein Rad an und laufe zu den beiden herüber.

Wenn ich die beiden sehe, frage ich mich immer, wie man so gut aussehen kann. Egal wie sie sich stylen und was sie gerade anhaben, es steht ihnen einfach! Lina trägt zum Beispiel manchmal so ein gehäkeltes Käppi, das ihr Gesicht super zur Geltung bringt. Bei mir würde es garantiert so aussehen, als hätte ich mir eine Klorollenhülle übergestülpt. Und Celine hat heute ein Cape an, das zwar noch weiter als Papas Hemden ist, aber trotzdem unerklärlicherweise ihre Oberweite nicht versteckt, sondern betont.

»Hey, hallo!«, begrüße ich die beiden schnaufend. Da sie sich aber nicht zu mir umdrehen, stelle ich mich auf die Zehenspitzen und schaue ihnen über die Schultern. Die beiden gucken auf ein Handy.

»Ach, die Luisa«, meine ich lässig, »der folge ich schon lange. Die hat super Fitnesstipps.«

»Guck dir das an!«, flüstert Lina in diesem Moment ehrfürchtig.

Ich strecke mich noch ein bisschen mehr, um besser sehen zu können. »Was denn?«

»Wahnsinn!«, haucht Celine jetzt.

Vorsichtig schiebe ich mich zwischen die beiden, wirklich nur ein bisschen, aber Celine fährt mich trotzdem an: »Sag mal, geht's noch?«

Aber wenigstens kann ich jetzt sehen, was sie so in Begeisterung versetzt: Luisa hat ein Vorher/Nachher-Bild von sich gepostet.

»Das gibt's doch nicht, die hat ja schon wieder ein Kilo abgenommen!«, jubelt Lina.

Ja, das sehe ich. Luisa lässt seit einigen Wochen ihre Follower an den Fortschritten bei der Optimierung ihres Körpers teilhaben: Dazu gehören dreimal die Woche Sport mit Fitnessübungen für alle Körperzonen und außerdem ein strenges Diätprogramm.

»Dann sind es jetzt zehn Kilo!«, bekräftigt Celina begeistert. »Guck mal, schon über hunderttausend Likes!«

Eigentlich fand ich Luisa auch vorher ziemlich schlank, jedenfalls viel schlanker als mich. Ich gucke noch einmal auf das Nachher-Foto: Sie ist jetzt tatsächlich dünner, viel dünner, ihre Beckenknochen stehen sogar hervor. Aber wirklich fit sieht sie dabei nicht aus, eher blass. »Toll«, sage ich lahm.

Und dann spüre ich es, bevor ich es sehe. *Ihn* sehe. Ich muss gar nicht meinen Kopf heben, um zu wissen, wer gerade an uns vorbeigeht: Elias!

Elias ist nicht irgendein Junge, Elias ist ein Event. Eine Sensation. Finde ich jedenfalls. Ich höre sein Lachen, das so viel fröhlicher und netter klingt als das laute Gegröle seiner Freunde. Ben und Matthis heißen sie, glaube ich. Die drei treten immer gemeinsam auf, nie sieht man einen von ihnen allein. Leider.

Scheu hebe ich jetzt meinen Blick und gucke zu Elias herüber. Er kann es wirklich mit jedem Model oder Schauspieler aufnehmen: Groß ist er, mit Schultern so breit wie die von Channing Tatum, mindestens, und bestimmt auch mit genau so einem Sixpack! Aber es ist nicht nur das: Er hat tolle dichte braune Locken, ein supersüßes Lächeln, und dann dieser Blick! Ein einziges Mal hat er mir in die Augen gesehen, hier auf dem Schulhof, ganz kurz nur, und trotzdem musste ich mich sofort an der Tischtennisplatte abstützen, so weich wurden meine Knie. Sie wollen Metaphern, liebe Frau Hein? Bitte sehr: Elias ist der Adler, der sich mit mir hoch über die Wolken aufschwingt und mir von oben eine faszinierende Welt zeigt, sein Blick eine unbekannte dunkle Höhle, verlockend und Furcht einflößend zugleich. Zu viel Drama? Tut mir leid, Frau Hein, manchmal muss das einfach sein.

Oft stelle ich mir Geschichten vor, wie ich sie sonst nur aus amerikanischen Filmen kenne. Dann ist es aber nicht Blake Lively, die das alles erlebt, sondern ich. Zum Beispiel laufe ich eine völlig überfüllte Einkaufsstraße entlang und kämpfe mich durchs Gewühl, bepackt mit Unmengen an Taschen und Tüten. Ich kann gar nicht richtig sehen, wohin ich trete, und ständig stoße ich gegen Leute, wofür ich mich immer wieder umwerfend lächelnd entschuldige. Und obwohl ich toll aussehe, mit langen blonden Haaren und super Figur und so, wirke ich doch irgendwie hilflos und verträumt und habe einfach eine wahnsinnige Ausstrahlung. Alle Leute drehen sich nach mir um, aber das bemerke ich gar nicht.

Dann kommt mir jemand entgegen – Elias. Traurig läuft er durch die Straßen, wirkt verloren, er hat vielleicht gerade etwas Blödes erlebt, wurde von jemandem enttäuscht oder so. Er weiß einfach nicht weiter, lässt sich verzweifelt treiben.

Beide laufen wir gleichzeitig auf dieselbe Häuserecke zu, er von der einen, ich von der anderen Seite. Wir passen nicht richtig auf, sind zu schnell und stoßen zusammen. Mir fallen meine aufgetürmten Taschen auf den Boden, wodurch mein Gesicht frei wird. Elias guckt mich an – und ist hin und weg. Er kann gar nicht mehr aufhören, mich anzuschauen, noch während er mir hilft, die Taschen aufzusammeln, starrt er mich die ganze Zeit an. Aber auch das bemerke ich nicht, ich lache einfach verlegen, streiche mir eine Haarsträhne aus dem Gesicht und beteuere immer wieder, wie leid mir das alles tue. Elias aber bekommt überhaupt kein Wort heraus, so umgehauen hat ihn mein Anblick, er stottert nur ein bisschen herum, dass das doch alles seine Schuld sei. Gerade als er sich dazu durchgerungen hat, mich nach meiner Handynummer zu fragen, bin ich schon wieder in der Menschenmenge verschwunden, und obwohl er es versucht, schafft er es einfach nicht, mir zu folgen.

In den folgenden Wochen ist Elias verzweifelt. Er möchte mich unbedingt wiedersehen, aber wie soll er mich in einer Stadt wie New York finden? Tagelang streift er durch das Viertel, in dem wir uns begegnet sind, aber ohne Erfolg. Seine Freunde raten ihm, mich zu vergessen, doch das kann er nicht. Er gibt nicht auf, lässt nichts unversucht, fängt sogar an, Anzeigen in großen Zeitungen aufzugeben und selbst gemalte Porträts von mir an Straßenbäume zu hängen: Wo bist du? Melde dich!

Er hat die Hoffnung schon aufgegeben, als er eines Tages von hinten eine junge Frau erspäht, die ungläubig eine dieser Anschläge liest – mich! Glücklich eilt er zu mir, fasst sich ein Herz und spricht mich an, und als ich mich zu ihm umdrehe, wissen wir beide, dass da gerade etwas ganz Großes passiert.

Solche oder ähnliche Geschichten denke ich mir oft aus, sehr oft sogar. Vor allem abends, wenn ich noch wach liege und darauf warte, dass Mama nach Hause kommt.

Die Glocke klingelt zur ersten Unterrichtsstunde. Lina schließt schnell die App und verstaut ihr Handy in der Tasche. Sie und Celina machen sich auf ins Schulgebäude. Wie ein Hündchen trotte ich hinterher.

natürliche selektion

Wir haben Mobbingstunde bei Frau Becker. Thema: Evolution. Ich weiß nicht, ob Frau Becker in freier Natur überleben oder nicht doch der Selektion zum Opfer fallen würde. Sie hat's einfach nicht raus, bekommt die Klasse nicht in den Griff. Vor allem Lennart, Paul, David und Tim rotten sich in ihrem Biologieunterricht immer zu einer lautstark grölenden Meute zusammen, die besonders gern beim Thema »Mann und Frau« total aus dem Häuschen gerät. Alle Wörter, die mit »Geschlecht« anfangen, lassen sie losbrüllen vor Lachen, auch wenn es zum Beispiel nur um »Geschlechtsmerkmale« geht. Das allein nervt schon, aber ganz groß sind sie auch im Erstellen von Listen. Erst letzte Woche ging wieder eine herum, auf der die Plätze 1 bis 15 vergeben wurden, je nachdem, wie hübsch sie ein Mädchen fanden. Ich habe mir die Liste lieber überhaupt nicht angeguckt, als sie durch die Reihen ging, sondern einfach schnell weitergegeben. Emma aber ist ganz plötzlich aufgestanden und mit hochrotem Kopf herausgestolpert, während sie irgendetwas von »Toilette« stotterte.

Wie alle versuche ich jetzt, mich möglichst schnell in den Biologieraum zu drängeln. Denn hier haben wir keine feste Sitzordnung und können unsere Plätze frei wählen. Da aber offensichtlich schon Generationen von Schülern vor uns das Thema »Sexualkunde« hatten, sind die allermeisten Stühle mit ekligen Sachen vollgemalt, auf die sich niemand so gern setzen möchte.

Schnell sehe ich mich um. Mist, Celina und Lina lassen sich schon triumphierend auf die letzten beiden sauberen Stühle hinten in der Ecke fallen. Ich habe die Wahl: Entweder ich setze mich auf einen Ekelstuhl oder auf den freien neben Kira.

Kira ist neu in unserer Klasse. Sie muss dieses Jahr wiederholen, warum, weiß niemand. So wirklich viel habe ich bisher nicht von ihr mitbekommen, sie sondert sich total ab. Allerdings scheint sie ziemlich schnell wütend zu werden, ein paarmal schon hat sie ohne erkennbaren Grund einige aus unserer Klasse übel beschimpft. Seitdem versucht niemand mehr, sie näher kennenzulernen. Ich selbst hatte allerdings noch nie Probleme mit ihr, zu mir ist sie sogar ganz nett. Den Platz neben ihr zu nehmen ist also weitaus besser, als sich unter dem Jubel der Jungsmeute auf eine Schmiererei zu setzen.

Ich betrachte Kira verstohlen aus den Augenwinkeln. Sie sieht schon ziemlich anders aus, eigentlich kann man sie gar nicht richtig erkennen. Ihre Augen sind tiefschwarz, mit nach oben gezogenen Bögen geschminkt, die ihr etwas leicht Gruseliges geben. Ihre genauso dunklen Haare sind zwar auf dem Kopf aufgetürmt, aber es hängen so viele Strähnen herab, dass ihr Gesicht zum großen Teil verdeckt ist. Und sie scheint ein Faible für Armreifen zu haben: An beiden Handgelenken trägt sie so viele davon, dass ich mich frage, wie sie sie überhaupt noch heben kann. Jede ihrer Bewegungen wird von einem zornigen Klirren begleitet. Am meisten aber staune ich über ihre Klamotten: Obwohl sie nicht gerade schlank ist und ihr Bauch auch ziemlich weit vorsteht, trägt sie meist knallenge Tops und Shirts, die bei jeder klirrenden Bewegung hochrutschen und ihre Speckrollen freigeben. Auch ihre engen Hosen sehen so aus, als stünden sie kurz vor dem Platzen. Aber all das scheint nicht nur sie überhaupt nicht zu stören. Auch niemand sonst traut sich, eine Bemerkung darüber zu machen, erst recht keine höhnische.

Inzwischen beginnt vorn Frau Becker zu sprechen und zeigt dabei auf das Smartboard, auf dem ein gemaltes Porträt von einem Mann zu sehen ist. Sie hat jetzt schon nervöse rote Flecken im Gesicht. »Charles Darwin beobachtete die verschiedenen Tierarten in ihren sehr unterschiedlichen Lebensräumen. Er studierte ihre Gewohnheiten und ihr Aussehen. Dabei merkte er schnell, dass die Arten sehr gut an ihren Lebensraum angepasst sind, was über große Zeiträume stattgefunden haben muss. Daraufhin schrieb er sein berühmtes Buch ›Der Ursprung der Arten‹.«

Lennart beginnt wie ein Affe zu schmatzen und zu grunzen und sich mit den Fäusten auf die Brust zu trommeln. Ich seufze.

Hektisch redet Frau Becker weiter. Dabei öffnet und schließt sie nervös den Füller in ihren Händen so lange, bis schließlich dicke Farbtropfen ihre Bluse beklecksen. »Darwin konnte sogar ermitteln, wie genau die Anpassung der Lebewesen funktioniert. In seinem Buch beschrieb er die ›natürliche Selektion‹. Demnach besitzen die Arten, die am besten an ihre Umwelt angepasst sind, den größten Fortpflanzungserfolg.«

Das letzte Wort löst großen Jubel bei den Jungs aus. Lennart grunzt jetzt nicht mehr nur, sondern macht auch Stoßbewegungen mit den Hüften.

Frau Becker schließt die Augen und bringt es hinter sich. »Wer besser angepasst ist, überlebt und zeugt mehr Nachkommen. Damit setzen sich vorteilhafte Merkmale durch.« Erschöpft schließt sie die Abbildung auf dem Smartboard und beginnt, Arbeitsblätter auszuteilen.

Aber damit haben Lennart und die anderen noch nichts im Sinn. »Ich weiß, was vorteilhafte Merkmale sind!«, ruft Paul und formt mit den Händen große Brüste. »Nichts dagegen, wenn die sich durchsetzen!«

Witzig. Ich beuge mich tiefer über mein Arbeitsblatt. Mir ist schon klar, dass es noch weitergeht. Jetzt nur nicht auffallen und zur Zielscheibe werden.

Auch Frau Beckers verzweifeltes »Ruhe, bitte!« kann die Jungs nicht mehr aufhalten. Nur wenig leiser und immer noch sehr gut zu hören, werden nun einige Mädchen der Klasse auf ihre »vorteilhaften Merkmale« hin überprüft. Emma duckt sich hastig noch tiefer als ich, wenn das überhaupt geht. Nur Celine und Lina sitzen vollkommen gleichgültig da. Kein Wunder, die beiden haben ja auch nichts zu befürchten.

Ich widme mich scheinbar konzentriert meinen Aufgaben, während ich aber genau hinhöre. »Was hältst du von Johanna?«, »Ja, gar nicht so schlecht.«, »Carolin?«, »Och, ich weiß nicht …«

Aus den Augenwinkeln sehe ich, wie sich Tim genüsslich zurücklehnt und seine Blicke durch das Klassenzimmer schweifen lässt. Und dann kommt es, natürlich. »Und was ist mit Amelie?«

Die Frage dröhnt so laut durch den Raum, als hätte er in ein Mikrofon gesprochen. Alle scheinen den Atem anzuhalten und mucksmäuschenstill auf die Antwort zu warten. Nichts ist zu hören, bis auf ein Rauschen und Piepen in meinen Ohren. Kurz fällt mir auf, dass nur Kira sich für das Ganze nicht so sehr zu interessieren scheint. Ohne zu fragen, zieht sie einfach mein Arbeitsblatt zu sich herüber und beginnt, es abzuschreiben.

Dann kommt sie, die Antwort, leider sehr klar und sehr deutlich: »Amelie? Die ist ja so platt, die hat doch bestimmt noch nicht mal ihre Tage!«

Jetzt tost es wie ein Wasserfall in meinen Ohren, gleichzeitig wird mein Kopf so heiß, als würde ich ihn in einen Backofen stecken. Mein gesamtes Blut scheint sich in aller Eile in meinen Kopf flüchten zu wollen und stürzt, ohne dass ich es aufhalten kann, dorthin. So ein Blödmann! Dabei habe ich doch schon längst meine Periode, glaube ich jedenfalls. Allerdings so richtig viel ist es, ehrlich gesagt, noch nicht. Aber ist das anfangs nicht immer so? Eigentlich würde ich gern mal Mama danach fragen.

Ich beuge mich noch tiefer über den Tisch, am liebsten würde ich ganz darunterkrabbeln und verschwinden, um bloß nichts mehr mitzubekommen von dieser Mischung aus Gekichere und angeblicher Empörung, bei der nun auch die Mädchen mitmachen, die noch einmal davongekommen sind: »Ach Mensch, Lennart, das ist gemein!«

»Schluss damit, wir wollen jetzt weitermachen.« Aber Frau Becker klingt selbst nicht sehr überzeugt.

Ich tue nichts, rühre mich einfach nicht. Wenn nach der Klingel alle in die Pause stürmen, werde ich mich schnell davonmachen, so mein Plan. Irgendwann werden sie sich schon wieder beruhigen. Da bemerke ich, dass mich jemand von der Seite anstarrt. Vorsichtig hebe ich den Blick. Kira.

Schnell gucke ich wieder weg. Wenn sogar Kira jetzt noch mitmacht, kann ich einpacken. Da stößt sie mich nicht gerade sanft an.

»Sag mal, willst du dir das einfach so gefallen lassen?«

Überrascht hebe ich den Kopf. Ihr vorhin noch gleichgültiges Gesicht hat sich verwandelt und zeigt jetzt vor allem eines: mühsam gebändigte Wut. Kurz schrecke ich zurück. »Was soll ich denn machen?«, flüstere ich dann.

»Na, dich wehren, was sonst?«

»Das hat doch sowieso keinen Zweck.«

»Klar hat es das! Aber wenn du es nicht machst, übernehme ich das eben.« Mit diesen Worten wendet sich Kira nach vorn und hebt energisch den Arm. Als Frau Becker nicht sofort auf sie aufmerksam wird, schnipst sie ungeduldig.

»Ja, was ist denn, Kira?«

Abrupt steht Kira auf. »Frau Becker, endlich habe ich verstanden, was eine Mutation ist«, sagt sie laut, zeigt auf Lennart und meint ganz cool: »Eine Gehirnzelle weniger, und der da wäre eine Pflanze.«

Während sich unter dem Gelächter der Klasse zur Abwechslung einmal Lennarts Blut in den Kopf flüchtet, beuge ich mich wieder tief über mein Blatt. Doch diesmal lächle ich dabei.

das mädchen im spiegel

Seit einiger Zeit treffe ich heimlich jemanden. Erst nur ab und zu, inzwischen aber immer häufiger. Vor allem abends, wenn es zu dämmern beginnt und das Licht schwächer wird.

Dann gehe ich in mein Zimmer und schließe ab, damit Papa nicht hereinkommen kann. Ich ziehe die Jalousie herunter und dimme die Lampe, bis sie nur noch einen weichen, sanften Schein verbreitet. Das ist sehr wichtig. Erst dann öffne ich die Tür meines Kleiderschrankes. An der Innenseite hängt ein großer Spiegel.

Das Mädchen dort drin sieht mich jedes Mal sehr scheu und doch erwartungsvoll an. Sie ist nackt. Ich mustere sie von oben bis unten. Dabei versuche ich ein zuversichtliches Lächeln, aber ich kann nicht verbergen, dass das, was ich sehe, nicht in Ordnung ist. Schon mit den Haaren geht es los: viel zu dünn, als würden sie gar nicht richtig wachsen. Das Gesicht zeigt keine hohen Wangenknochen, sondern ist ziemlich rund und hat außerdem eine krumme Nase und so schmale Lippen, dass ich sie kaum sehen kann. Und dann die Brüste. Viel zu klein, leider ganz im Gegensatz zum Bauch. An dieser Stelle dreht sich das Mädchen immer kurz zur Seite. Ja, er steht eindeutig zu stark vor, der Po allerdings ist zu flach. Und was ist mit der Thigh Gap? Nichts. Noch nicht einmal, wenn das Mädchen die Füße etwas auseinanderstellt, schimmert Licht durch die Oberschenkel hindurch, weit und breit ist nichts von einer Lücke zu sehen. »Fettarme Ernährung und intensives Training mit Gewichten, dann kann sie jede haben«, behauptet Veronica in ihren Fitness-Videos immer. Glaube ich nicht.

Das Mädchen gibt sich alle Mühe, das sehe ich, es probiert alle möglichen Posen aus: den Körper ein wenig zur Seite drehen, den Bauch einziehen und den Po rausstrecken, dabei den Kopf heben und die Lippen leicht vorstülpen. Ja, schon besser, aber eben nur für diesen einen, kurzen Moment.

Eine Weile sehen das Mädchen und ich uns an. Sein Blick wird immer trauriger, flehender. Irgendwie mag ich es, ja, das tue ich wirklich, aber ich kann ihm nicht helfen. So, wie es ist, ist es einfach nicht gut. Schließlich schießen dem Mädchen Tränen in die Augen. Das ist jedes Mal der Moment, in dem ich schnell die Schranktür wieder schließe.

unter haut

»Mann, bin ich fertig. Ich brauch erst mal 'ne Pause.«
Kira ignoriert den Stuhl, den ich ihr an meinen Schreib-
tisch gerückt habe, und wirft sich quer über mein Bett.
Sie ist gerade erst hereingekommen, hat sogar noch ihre
Jacke an. Aus der schält sie sich jetzt im Liegen, schleu-
dert sie auf den Boden und angelt aus ihrer Tasche eine
Tüte Chips heraus. Ihre Armreifen klirren an beiden
Handgelenken eifrig um die Wette.

Chips? Ich kann es nicht glauben. Gelbe Scheiben,
die so tun, als wären sie aus Kartoffeln gemacht, bei deren Zutatenliste aber Fett ganz oben steht, dicht gefolgt
von Zucker und Geschmacksverstärkern! Während Kira
diesen Knollengemüse-Fake genüsslich in sich hinein-
stopft, starre ich auf ihren Bauch, der sich deutlich
sichtbar in drei Rollen unter ihrem sehr engen Tanktop

wölbt. Ich kann nicht anders, mein Blick klebt einfach daran fest, ich kann ihn nicht lösen, so lange, bis Kira es schließlich auch bemerkt.

»Was glotzt du denn so? Stimmt mit mir irgendwas nicht?«

Hastig wende ich mich wieder meinem Schreibtisch und dem Laptop zu. »Äh, nein«, stottere ich, »ich, äh, mag nur, was du anhast.«

Kira beißt wieder krachend in die Chips. »Aha«, meint sie gleichgültig.

»Also, die Haut«, beginne ich, weil ich sonst nicht weiß, was ich sagen soll. Kira ist zum ersten Mal bei mir. In der letzten Biostunde mussten wir uns für unsere Referate immer zu zweit zusammentun, und sie hat mich gefragt. Da mich niemand sonst wollte, war ich eigentlich ganz froh. Jetzt müssen wir also ein Referat zum Thema »Haut« ausarbeiten.

»Ich habe das schon mal ein bisschen gegoogelt«, rede ich weiter und rufe die ersten Bilder auf, die ich mir bereits abgespeichert habe. »Wir könnten mit dem Aufbau der Haut anfangen. Da ist einmal die Unterhaut. Die besteht aus Bindegewebe und Fett. Das Fett speichert die Energie und ist gleichzeitig eine Art Polster für die Muskulatur.«

Hinter mir gähnt Kira laut und herzhaft. »Willst du auch ein paar Chips?«

Ich schüttle den Kopf und starre weiter auf den Bildschirm. »Ich habe ziemlich viel Energie und Polster«, versuche ich einen lahmen Witz.

»Quatsch, wieso?«, kommt es vom Bett.

»Danach kommt die Lederhaut«, fahre ich fort, ohne weiter darauf einzugehen. Laut lese ich den Text ab, der unter dem Bild steht. »Sie sorgt dafür, dass die Haut stabil und elastisch bleibt.« Ich stocke einen Moment und frage dann mit einem gekünstelten Lachen: »Dann entstehen meine Dellen also in der Lederhaut?«

»Sag mal, was ist eigentlich dein Problem?«, poltert Kira mit einem Mal los, fasst an meinen Stuhl und dreht mich mit Schwung zu sich um.

»Was meinst du?«, frage ich unsicher.

»Na ja, immer meckerst du an dir herum. Das ist mir schon oft aufgefallen. Damit machst du es den anderen verdammt leicht, über dich herzuziehen!«

Ich weiß nicht, was ich antworten soll, und starre auf den Boden, auf dem sich schon bemerkenswert viele Chipskrümel angesammelt haben. Ich beginne, sie mit meiner Fußspitze zusammenzufegen.

»Also, was soll das?«, herrscht Kira mich an.

»Vielleicht mache ich das ... weil was dran ist?«, antworte ich und versuche, dabei zu grinsen, was aber gründlich schiefgeht. Was will Kira denn nur von mir?

»Hast du sie noch alle? Du siehst doch völlig normal aus.« Kira schubst mich mitsamt dem Stuhl ein ganzes Stück weg und mustert mich. »Ganz gut sogar, finde ich. Du hast ein total nettes Gesicht, weißt du das? Den Rest kann ich allerdings nicht so richtig beurteilen, man sieht ja nichts von dir.« Dabei zeigt sie auf mein weites Hemd, das ich mir heute mal wieder von Papa geborgt habe. »Warte mal.« Kurz entschlossen greift sie danach, reißt die unteren Knöpfe auf und verknotet die Zipfel über meiner Taille. »Siehst du? Alles gut. Also hör verdammt noch mal endlich mit diesem Schwachsinn auf!« Zufrieden lässt sie sich wieder in die Kissen fallen.

Zweifelnd blicke ich auf den Hemdknoten. Kira hat ja recht, irgendwie. Aber es sind eben nicht alle so wie sie. Ob sie wirklich findet, dass ich gut aussehe?

»Sag mal«, unterbricht sie meine Gedanken, »wohnst du hier nur mit deinen Eltern? Euer Haus ist ja riesig!« Dabei lässt sie ihren Blick durch mein Zimmer wandern.

»Mit wem soll ich denn sonst hier wohnen?«, frage ich überrascht.

»Keine Ahnung, mit vielen Geschwistern oder deinen Großeltern vielleicht.«

»Nein, habe ich nicht. Geschwister, meine ich.« Und die einzige Oma, die ich gekannt habe, ist letztes Jahr gestorben. Ich räuspere mich. »Und du?«

»Nö, auch nicht. Ist auch gut so.«

»Wieso das denn?« Ich habe mir eigentlich immer Geschwister gewünscht, allerdings ältere, und das ist natürlich schwierig.

»Na ja, weil meine Eltern nicht mehr zusammen sind. Schon eine ganze Weile nicht«, antwortet Kira, verschränkt ihre Arme hinterm Kopf und starrt an die Decke. »Und da stören Kinder nur.«

Ich räuspere mich noch einmal. Was ist denn nur mit meinem Hals los? »Und was ist jetzt? Ich meine, wo lebst du jetzt?«, frage ich schnell, bevor mir das Sprechen noch schwerer fällt.

»Bei meiner Mutter. Aber sie ist fast nie da, weil sie jetzt weniger Geld hat und immer arbeiten muss.« Kira zuckt gleichgültig mit den Achseln und schiebt sich ihre Armreifen hoch. »Eigentlich ist das aber gar nicht so schlecht«, fügt sie hinzu.

Ich betrachte sie genau, während sie das sagt. Über ihr Gesicht huscht für einen Moment ein Ausdruck, der, sollte man ihn mit einer Farbe beschreiben, genauso schwarz wäre wie ihre Klamotten. Nein, ihre Gleichgültigkeit nehme ich ihr ganz bestimmt nicht ab.

Einen Moment zögere ich, die nächste Frage zu stellen. Allerdings nicht, weil ich Kira nicht wehtun oder Rücksicht auf ihre Gefühle nehmen will. Ich bin eher nicht sicher, ob ich die Antwort darauf wirklich hören möchte. Aber dann überwinde ich mich doch: »Warum haben sich denn deine Eltern getrennt?«

Wenn hinter Schwarz ein noch dunklerer Farbton lauern würde, wäre Kiras Blick jetzt da angelangt. »Mein Vater hatte wohl 'ne Neue oder so.«

Romms. Mir ist, als würde mich die Antwort mit Wucht in den Stuhl drücken. Mein Rücken wird plötzlich steif und presst sich in das Polster, meine Arme umklammern schmerzhaft die Lehnen. Hätte ich mal besser nicht gefragt.

Kira schüttelt sich, als wollte sie etwas loswerden, und richtet sich auf. »Ich weiß gar nicht, was du an diesen Oberzicken Lina und Celine findest. Hast du keine anderen Freunde?« Sie sieht mich forschend an.

Ich würde jetzt wirklich lieber wieder über unser Referat reden. Aber daran zeigt Kira leider null Interesse. Wenigstens bietet sich mir nun die Gelegenheit, das Gespräch in eine harmlose Richtung zu lenken. »Doch. Nicki.«

»Nicki? Wer ist Nicki?« Neugierig beugt sich Kira nach vorn und sieht mir genau in die Augen. »Dein Freund?«

Fast erleichtert lache ich auf und schüttle den Kopf. »Nein, also wirklich nicht, Nicki ist …« Ja, was eigentlich? »Nicki eben«, schließe ich etwas hilflos.

»Und was ist mit einem Freund? Hast du einen?« Kira lässt einfach nicht locker.

Langsam beginnt Kira zu nerven. Aber leider kann ich es nicht verhindern, in genau diesem Moment an Elias zu denken, ganz kurz nur, aber wohl doch lang genug, um meine Ohren vor Aufregung zum Glühen zu bringen.

»He, du wirst ja ganz rot! Komm, sag schon, wer ist es?«

»Also, er ist nicht mein Freund. Ich finde ihn nur …« Ich würge an den Worten herum wie an einem zu dicken Brocken Brot.

»Du findest ihn gut! Sehr gut sogar? Süß vielleicht?« Kira lacht laut auf. »Das ist doch völlig okay! Und habt ihr euch schon mal getroffen?«

»Können wir vielleicht mal …«

Aber Kira hört mir gar nicht zu. »Habt ihr nicht? Sag mal, weiß dein Auserwählter überhaupt schon von seinem Glück?«

»Jetzt lass doch mal … Nein.« Ich weiß nicht, warum, aber plötzlich habe ich nichts mehr dagegen, über Elias zu sprechen. Zwar habe ich noch nie jemandem von ihm erzählt, aber Kira würde es vielleicht verstehen? »Nein, weiß er nicht.«

»Wer ist es denn?« Kiras Gesicht leuchtet vor Begeisterung genau wie Tibis, wenn sie eine neue Tuchmaske anpreist.

Zum ersten Mal spreche ich seinen Namen laut aus, und fast verwundert lausche ich diesem fremden Klang, als ich sage: »Elias.«

»Elias?« Kira scheint ehrlich überrascht. »Der aus der Neunten?« Ohne meine Antwort abzuwarten, schnappt sie sich ihr Handy. »Den kenne ich gut, wir hatten mal einen Theaterkurs zusammen.«

»He, spinnst du? Was machst du da?« Ich versuche, ihr das Handy wegzunehmen, aber Kira weicht geschickt aus und tippt dabei unbeirrt auf dem Display herum.

»Was ich mache? Ihn anrufen natürlich.«

überraschende begegnungen

Wo kann es denn nur sein? Ich krabble auf allen vieren hierhin und dorthin, streiche mit den Fingern immer wieder prüfend über den Teppichboden. Nichts. Autsch, jetzt stoße ich mir auch noch den Kopf. Zwar finde ich hier unter meinem Schreibtisch alles Mögliche, Anspitzreste vom Bleistift, eingetrocknete Obstschalen, einen alten Mathe-Spickzettel, aber natürlich nicht das, was ich suche, und das ist: nichts. Aber ich möchte mich auf jeden Fall sehr gründlich und sehr lange danach umsehen.

Ich habe nämlich nicht vor, noch einmal aufzutauchen. Nur ab und zu erlaube ich mir, mit Suchen und Krabbeln aufzuhören und zu horchen: Da ist sie, so neu und doch seit Langem so vertraut: Elias' Stimme, HIER IN MEINEM ZIMMER!

Denn Kira hat ihn tatsächlich angerufen. Die beiden facetimen jetzt bestimmt schon eine Viertelstunde. Ich allerdings bin lieber schnellstens unterm Tisch verschwunden, kaum dass Elias sich gemeldet hat.

»Wo bist du eigentlich?«, höre ich jetzt seine gottgleiche Stimme.

»Bei Amelie«, antwortet Kira.

Ich zucke zusammen. Musste das sein? Dass ich die Reaktion darauf zu hören kriege? Da kommt sie schon, und sie ist genauso vernichtend, wie ich es befürchtet habe.

»Wer ist Amelie?«

Ich kann nichts dagegen machen, ich bin einfach maßlos enttäuscht. Lächerlich. Dabei konnte ich doch nicht ernstlich erwarten, dass Elias mich kennt, dass ich ihm schon einmal aufgefallen bin. Immerhin habe ich mich immer, wenn ich ihn auf dem Schulhof gesehen habe, hinter irgendjemandem versteckt. Und das ist höchstwahrscheinlich die schlechteste Art und Weise, von jemandem bemerkt zu werden.

»Eine, die offensichtlich gern unterm Tisch hockt«, antwortet Kira jetzt trocken und beugt sich zu mir runter. Ich wedele abwehrend mit der Hand, aber es ist zu spät: Sie hält mir ihr Handy direkt vor die Nase. Elias lächelt mich aus nächster Nähe an!

»Hallo Amelie! Sind wir uns schon mal über den Weg gelaufen?«

»Äh, nein«, behaupte ich schnaufend, während ich mühsam unter dem Tisch hervorkomme und mich wieder auf meinen Stuhl plumpsen lasse. »Jedenfalls bist du mir noch nie aufgefallen.« Hoffentlich trifft mich nicht plötzlich ein Blitz als Strafe für diese dreiste Lüge. Ich werfe Kira schnell einen bittenden Blick zu.

Aber die lässt sich Gott sei Dank nichts anmerken. Allerdings hört sie wohl auch gar nicht richtig zu, denn sie macht sich gerade an meinem Laptop zu schaffen. Ohne mich zu fragen, schließt sie meine schönen Bilder für das Referat. »Elias, ich leg mal eben auf. Dann können wir skypen, das ist zu dritt besser. Außerdem hast du dann direkt Amelies Nummer, für alle Fälle«, fügt sie grinsend hinzu.

»Alles klar, bis gleich.«

Ich sitze stocksteif da, will eingreifen, schaffe es aber nicht und lasse alles einfach geschehen. Kira wählt und nach einem kurzen Moment taucht Elias' Gesicht auf dem Bildschirm meines Laptops in voller Größe vor mir auf. »Hi, Mädels, da bin ich wieder! Was macht ihr eigentlich gerade?« Neugierig mustert er mich.

»Wir müssen so ein blödes Referat zusammen machen, für Frau Becker, kennst du die?«, erklärt Kira.

»Und ob«, erklärt Elias lachend und streicht sich eine Locke aus der Stirn. »Lass mich raten: zum Thema ›Haut‹?«

Elias guckt mich nicht nur weiterhin an, sondern jetzt lächelt er auch noch dabei. Ich halte mich an der Tischkante fest.

Kira verzichtet auf eine Antwort und schiebt meinen Laptop so zurecht, dass er genau vor mir steht. Sie verschränkt ihre Arme hinterm Kopf und lehnt sich zurück, als habe sie jetzt Pause.

Ich nicke und hoffe, dass meine Ohren ausnahmsweise einmal nicht die Farbe von Alarmleuchten annehmen.

Elias beugt sich so weit nach vorn, dass ich fast nur noch seine Augen sehe. »Das musste ich damals auch bei ihr machen. Wenn ihr wollt, sehe ich mal nach, ob ich vielleicht noch meine alten Unterlagen habe? Oder sogar das ganze Referat?«

Kira stößt einen begeisterten Jubelschrei aus, während ich nicht mehr als ein heiseres »Das wäre toll« hinbekomme.

In diesem Moment wird hinter uns die Tür aufgerissen. Genau gleichzeitig drehen Kira und ich uns um. Nicki stürmt ins Zimmer. Als er sieht, dass ich nicht allein bin, bremst er scharf ab und ruft überrascht: »He, was ist hier denn los?«

»Äh, also, das sind Kira und …«, ich bringe es aus irgendeinem Grund nicht fertig, Elias' Namen einfach so laut auszusprechen, »… ein Freund von ihr, der uns bei einem Referat hilft.«

»Hi«, ertönt es aus dem Laptop.

Nicki schaut verblüfft von Kira zu Elias. »Herrschaften, höret hier herzlich: Hallo!«

»Wer bist du denn?«, fragt Kira grinsend.

Nicki strahlt sie an. »Nenne natürlich nett 'nen Namen: Nicki!«

Jetzt muss Kira so herzlich lachen, dass ihre Armreifen mit Klirren gar nicht mehr hinterherkommen. Überrascht sehe ich sie an. So fröhlich habe ich sie noch nie gesehen.

»Du bist also Nicki? Schräg!«, stößt sie prustend hervor.

»Aber echt«, kommt es aus dem Laptop.

»Nicki, was willst du überhaupt hier?«, frage ich nicht sehr nett. »Wir müssen für die Schule arbeiten.«

Aber mein alter Freund ist jetzt nicht mehr zu bremsen. Entschlossen schließt er die Tür, setzt sich aufs Bett, zieht Jacke und Schuhe aus, schüttelt sich ein Kissen zurecht und macht es sich gemütlich. »Ich dachte, wir könnten mal wieder was zusammen machen«, meint er und guckt gut gelaunt in die Runde.

»Also, ich wäre dabei«, antwortet Kira immer noch glucksend. »Gern gehen …« Sie bricht ratlos ab.

»… ganze Gesangsvereine gemeinsam Gassi«, vollendet Nicki hilfsbereit.

Kira fängt wieder an zu lachen, und während die beiden einfach so anfangen, Pläne zu schmieden, drehe ich mich wieder zum Schreibtisch. »Tut mir leid, ich glaube, wir machen jetzt besser Schluss. Es ist einfach ein schlechter Zeitpunkt«, sage ich, während ich verlegen auf die Tastatur starre.

»Amelie?«

Als Elias jetzt meinen Namen sagt, scheint mein Herz zu glauben, dass ich gerade einen Sprint hinlege, so wild beginnt es zu klopfen. »Ja?«

»Das ist aber schade«, meint Elias sanft und zwinkert mir lächelnd zu.

eiskalter familienkuchen

Es ist der reine Wahnsinn: Die Sonne strahlt hoch am Himmel, obwohl dicke Regentropfen gegen die Fensterscheiben platschen! Und das ganze Haus ist erfüllt von wunderschöner Musik, dabei herrscht absolute Stille! Heute ist eben einfach ein toller Tag, an dem alles stimmt! Ausgelassen tänzle ich durch mein Zimmer und summe dabei unentwegt den immer gleichen Satz vor mich hin: »Das ist aber schade! Das ist aber schade!«

Von unten höre ich Geklapper. Papa räumt wohl gerade den Geschirrspüler ein. Sogar Mama ist schon zu Hause, obwohl es erst Nachmittag ist. Klar, an so einem Tag! Das bringt mich auf eine geradezu wahnwitzige Idee. Aber bestimmt klappt auch das!

Ich reiße die Tür auf und stürme übermütig die Treppe hinunter. Papa, mit einem Geschirrhandtuch über der

Schulter, wischt gerade über die Küchenplatte. Mama sitzt mit angezogenen Beinen auf dem Sofa und blättert in einer Zeitschrift.

»Wisst ihr was?«, verkünde ich lauthals. »Es wird mal wieder Zeit für …«, hier lege ich eine dramatische Pause ein, »… einen Familienkuchen!« Erwartungsvoll gucke ich von Mama zu Papa und wieder zurück. Okay, die gewünschte Begeisterung bleibt zunächst einmal aus. Papa guckt mich unter verstrubbelten Haaren nur müde an und Mama hebt noch nicht einmal den Blick. Aber das macht nichts, entscheide ich, das kriege ich schon hin, an solch einem Tag. Schließlich ist unser letzter Familienkuchen auch schon eine ganze Weile her.

Das mit dem Backen ist so ein Ding zwischen Mama und mir. Schon als Ministöpsel habe ich es geliebt, mit meinen Händen im Kuchenteig herumzumatschen und ins Mehl zu pusten, während Mama es in die Schüssel siebte. Meistens haben wir Streuselkuchen gebacken, denn ich habe *immer* darauf bestanden zu helfen, und Streusel konnte ich auch mit meinen kleinen Händen ganz gut kneten und anschließend auf dem Teig verteilen. Nach dem Backen habe ich mir die Streusel dann wieder abgepiddelt und in den Mund gestopft, und Mama hat den nackten Boden gegessen, den sie sowieso am liebsten mochte. Wenn Papa dabei war, schlugen wir auch noch Sahne dazu. Papa liebt Sahne über alles, er braucht nichts anderes! Der perfekte Familienkuchen also, und so haben wir ihn auch genannt.

Ich werde jetzt einfach mal anfangen, dann wird der Appetit schon kommen. Papa ist mittlerweile zu Mama in die Sitzecke gegangen und steht unschlüssig vor dem Sofa. Mama streckt die Beine aus. Jetzt ist kein Platz mehr neben ihr.

Hektisch reiße ich einen Küchenschrank nach dem anderen auf und suche die Zutaten zusammen: Mehl, Zucker, Backpulver. »Die Eier sind im Kühlschrank, Mama?«, frage ich über die Schulter in den Raum hinein.

»Hm«, erhalte ich als Antwort.

Papa lässt sich notgedrungen in den Sessel fallen, den er eigentlich nicht mag, weil man darin so tief sitzt. Er guckt Mama an mit einem Blick wie ein Dackel, der vor einem leeren Futternapf hockt.

»Ach, hier sind sie ja«, brülle ich jubelnd in den ge-öffneten Kühlschrank hinein. Jetzt nur nicht die Laune verderben lassen. »Was brauche ich noch?«

»Butter?«, flüstert Papa leise und guckt dabei aus dem Fenster. Von Mama kommt nur Papiergeraschel.

»Stimmt!« Schwungvoll nehme ich die Butter aus dem oberen Fach. Aber ich hätte sie natürlich längst vorher herausstellen müssen, so ist sie viel zu hart und zu kalt.

Aber davon lasse ich mich nicht unterkriegen, nicht heute! Also nehme ich die große Plastikschüssel aus dem Schrank. »Wie viel Mehl brauche ich noch mal für die Streusel, Mama?«

»Weiß ich aus dem Kopf auch nicht«, kommt es leicht genervt zurück.

Egal, dann schätze ich das eben, schließlich habe ich das schon so oft gemacht. Energisch schütte ich das Mehl in die Schüssel und kann mich gerade noch zurückhalten, währenddessen hineinzupusten. Jetzt den Zucker obendrauf, nicht zu knapp, es soll ja schmecken. »Das wird lecker!«, kündige ich zuversichtlich an.

»Ja, sicher«, stimmt Papa mir in einem Tonfall zu, in dem er auch hätte sagen können: Gib es auf, streng dich nicht weiter an, das hat doch alles sowieso keinen Zweck.

Verstohlen gucke ich zu Mama hin. Ihren Kopf hat sie inzwischen auf einen Arm aufgestützt, und sie starrt so intensiv auf die Zeitschrift, als würde sie sie voller Spannung lesen, aber ihre Augen bewegen sich nicht und sie blättert auch nicht um. Extra laut klatsche ich in hohem Bogen die Butter auf das Mehl-Zucker-Gemisch, das komplette Paket, einfach so am Stück. Jetzt stäubt es zwar so wie früher, aber dennoch finde ich das gar nicht mehr lustig. Ich starre in die Schüssel. Die Butter ist ein ganzes Stück eingesunken, hat sich selbst aber überhaupt nicht verändert oder verformt. Mit dem Zeigefinger stupse ich sie an. Kein Wunder, sie ist immer noch steinhart. Und eiskalt. »Was mache ich denn jetzt, Mama?«, frage ich kläglich.

»Was meinst du?« Immerhin hebt Mama den Kopf, guckt dann aber in die Ferne, als würde sie überrascht meiner Frage hinterherhorchen.

»Na, die Butter meine ich!« Verbissen greife ich mir den kalten Klumpen und versuche, ihn mit meinen Fingern zu zerdrücken. Aber es geht nicht. Ich lasse ihn wieder fallen, warte, bis sich der Mehlstaub gelegt hat, balle eine Faust und beginne, auf der Butter herumzuboxen, immer stärker und stärker. Aber auch das lässt sie fast völlig unbeschadet über sich ergehen. Nur die Schüssel hüpft auf und ab, da die Butter sowohl an meiner Hand als auch am Boden festklebt. Wenigstens mir wird jetzt warm. So sehr, dass ich mir mit dem Arm über die Augen wischen muss.

»Ach so.« Mama blättert wieder in ihrer Zeitschrift.

Und jetzt? So werden das nie anständige Streusel, und mit dem Teig für den Boden habe ich auch noch nicht angefangen. Flehend gucke ich Papa an.

Der nickt mir kurz zu und verzieht die Mundwinkel nach oben, was wohl ein aufmunterndes Lächeln darstellen soll. Dann wendet er sich tapfer an Mama. »Haben wir eigentlich noch Sahne?«

»Ich glaube nicht. Aber ich will sowieso keinen Kuchen. Ich muss ein bisschen aufpassen«, kommt es ungerührt zurück.

Aufpassen? Worauf denn aufpassen? Auf ihre blöde Figur vielleicht? Das Einzige, worauf sie aufpassen sollte, sind Papa und mich. Ich schleudere den Butterklumpen ein letztes Mal in die Schüssel zurück und wische mir meine fettigen Finger einfach am Küchenhandtuch ab. Dann eben nicht.

Als ich durchs Wohnzimmer zur Treppe laufe, höre ich noch Papas enttäuschte Stimme: »Das ist aber schade.«

soll ich?

Frau Siebenhuhn blickt mich fragend an. »Was ist nun? Soll ich?«

Ich schrecke auf. Woher weiß sie das? Dass ich mir seit Tagen keine andere Frage stelle, mir über nichts anderes Gedanken mache? Beim Zähneputzen, Musikhören, Auf-dem-Bett-Rumliegen – immer wieder grübele ich darüber nach: Soll ich? Oder soll ich nicht? Sogar nachts in meine Träume schleicht sich immer wieder diese eine Frage. Nur die Antwort darauf fehlt noch.

Würde sich Elias denn freuen, wenn ich mich bei ihm meldete? Von ihm habe ich seit unserem Telefonat nichts mehr gehört. Aber das heißt doch nichts, oder? Schließlich soll er *uns* einen Gefallen tun, da wäre es doch auch an uns, nachzufragen? Und einen anderen Grund, mich anzurufen, wird es ja wohl nicht geben … oder doch?

Vielleicht einfach nur, weil er es möchte? Amelie, jetzt nur nicht rumspinnen, ermahne ich mich selbst. Nur weil er mich so seltsam angeguckt hat und zum Schluss etwas Nettes sagte, heißt es noch lange nicht, dass er mich auch mag oder gut findet.

Und falls doch? Und er es aus irgendeinem Grund nicht zugeben will? Soll ich also doch den ersten Schritt machen? Was könnte es schon schaden?

Viel. Ich könnte mich lächerlich machen. Die kleine Amelie ruft den großen Elias an – sonst noch was? Aber zu Kira war er doch auch nett und die beiden kennen sich offensichtlich schon länger. Soll ich also doch? Oder lieber nicht?

»Was denn jetzt?«, fragt Frau Siebenhuhn nun mit erhobener Stimme und guckt mich ungeduldig an. Der leere Löffel in ihrer Hand schwebt fragend über den bunten Streuseln.

»Äh, nein, ohne, bitte«, sage ich und schüttle den Kopf. Frau Siebenhuhn wartet noch einen Moment, ob ich es mir vielleicht anders überlege, legt dann aber achselzuckend den Löffel zur Seite und reicht mir mein Eis so über die Theke.

Nicki allerdings, der jetzt an der Reihe ist, lässt sich nicht lange bitten. »Für mich Schokolade, Vanille und Erdbeer mit extra vielen Streuseln«, bestellt er wie immer.

Schon seit Ewigkeiten kommen wir beide hierher zur Eisdiele *Il Paradiso*. Früher mussten wir zum Bestellen sogar auf die kleinen Hocker vor der Theke steigen, damit uns Frau Siebenhuhn überhaupt sieht. Aber das ist jetzt nicht mehr nötig. Und die bunten Streusel auch nicht, finde ich jedenfalls.

Mit unseren Hörnchen in der Hand schlendern Nicki und ich durch die Fußgängerzone. Nicki macht plötzlich einen Schlenker nach links, aber ich gucke ihn scharf an: Er wird doch jetzt nicht auf die Wackeltiere wollen, so wie früher? Als er meinen Blick bemerkt, macht er schnell wieder kehrt und wir gehen weiter. Ich steuere auf eine freie Bank zu und setze mich auf die Lehne. Nicki macht es mir nach.

Eine Weile schlecken wir stumm vor uns hin. In meinem Kopf beginnt es wieder zu arbeiten. Soll ich denn jetzt? Auf jeden Fall kann ich noch bis morgen warten. Vielleicht überlegt es sich Elias bis dahin noch, und falls nicht und ich mich bei ihm melde, sieht es wenigstens nicht so aus, als hätte ich es einfach nicht mehr erwarten können.

Oder soll ich doch?

»Amelie?«, unterbricht Nicki meine Gedanken.

»Hm?«

»Papa meint, wir sollten doch mal wieder zusammen zelten gehen. Was ist, hast du Lust?«

»Hm.« Nickis Papa hat auf einem Campingplatz an der Ostsee einen Wohnwagen stehen, einen ganz kleinen. Nicki und er verbringen oft die Wochenenden dort, und ich war auch schon häufig dabei, früher jedenfalls. Immer wenn ich mitkam, bauten wir neben dem Wohnwagen zusätzlich ein Igluzelt auf, in dem Nicki und ich schliefen. Das habe ich geliebt, egal bei welchem Wetter! Ich weiß noch, wie wir in besonders kalten Nächten kichernd nebeneinanderlagen und versuchten, möglichst oft zu pupsen, damit es schneller warm wurde.

Ich gucke Nicki an, der erwartungsvoll zurückschaut. Aber mit Nicki zu zweit pupsend in einem kleinen Zelt, das kann ich mir gerade überhaupt nicht vorstellen, tut mir leid. Doch etwas anderes interessiert mich. »Nicki?«

»Ja?«

»Findest du mich eigentlich hübsch?«

»Hä?« Nicki guckt mich so entgeistert an, als hätte ich ihn gerade aufgefordert, mal eben nach Pisa zu fahren und den Turm gerade zu rücken.

»Ob du mich hübsch findest! Ich meine, ist mein Aussehen okay?«

»Ach so, ja.« Einen Moment schweigt er hilflos, dann scheint ihm etwas einzufallen, jedenfalls guckt er ganz erleichtert. »Hast hübschen Hubbel hier ...« Er tippt grinsend auf seinen Nasenrücken.

»Schon gut, lass es.« Missmutig wende ich mich von ihm ab. Meinen Buckel auf der Nase findet er also hübsch, na, vielen Dank. Ob Elias ihn auch schon bemerkt hat? Und wenn ja, wie findet er ihn? Soll ich ihn nun anrufen oder nicht?

In diesem Moment radelt Kira an uns vorbei. Ihr Fahrrad ist genauso schwarz wie sie, fällt mir auf. Als sie uns bemerkt, bremst sie scharf ab, schwenkt den Lenker herum und fährt genau auf uns zu.

»Hey, Eis, gute Idee«, ruft sie und lehnt ihr Rad an die Bank. »Wartet hier, ich hole mir auch eines!« Dann flitzt sie schon los, Richtung *Il Paradiso*.

Nicki betrachtet anerkennend Kiras Rad. »Wo hast du denn das Mountainbike her?«, fragt er interessiert, als Kira mit einem riesigen Eisbecher in der Hand zurückkommt.

»Hat mein Vater dagelassen«, antwortet Kira knapp und schwingt sich auf die Lehne neben Nicki. Ich rücke zur Seite, um Platz zu machen, Nicki nicht. Zwischen mir und den beiden klafft jetzt eine deutliche Lücke.

Ob Kira etwas von Elias gehört hat, vielleicht hat er sich ja zunächst mal bei ihr gemeldet? Und dann sogar über mich ausgefragt? Aufgeregt beiße ich aus Versehen so energisch in mein Eis hinein, dass sofort meine Zähne zu schmerzen beginnen.

»Du kannst es dir gern mal ausleihen«, höre ich in diesem Moment Kira. »Oder wir tauschen unsere Räder und machen mal zusammen eine Tour!«

Von Nicki ist zustimmendes Grunzen zu hören.

»Sag mal«, beginne ich vorsichtig und zupfe verlegen an meinem Hemd herum, »hast du noch mal was wegen unseres Bioreferates gehört?«

Kira schleckt genüsslich an ihrem Eis. »Nee, aber wir haben doch auch noch Zeit.«

Ich druckse eine ganze Weile herum, bis ich mich traue, nachzufragen: »Und Elias? Hat der sich noch mal gemeldet? Einfach so, meine ich?«

Jetzt scheint Kira endlich kapiert zu haben, denn sie wendet sich mir grinsend zu. »Sollte er?«

»Hat er nun?«

»Nee, sorry. Aber Telefon funktioniert ja nicht nur in die eine Richtung.« Kira lächelt listig, als sie hinzufügt: »Allerdings wäre es tatsächlich super, wenn wir das Bioreferat bekommen würden. Vielleicht könntest du einfach noch mal nachfragen? Das wäre total nett!«

Am liebsten würde ich Kira den Stinkefinger zeigen. Aber irgendwie auch nicht. Eigentlich hat sie doch recht. Es geht ja auch ums Bioreferat und das ist wichtig. Also, es ist entschieden: Ich soll! Ich werde Elias anrufen. Sofort morgen nach der Schule.

kontakt erstellt

Ich habe ihn.

Noch ein wenig ungläubig schaue ich auf mein Handy, aber da prangt wirklich sein Name, »Elias«, versehen mit einer Nummer, die mir wie eine Pforte ins Paradies vorkommt. Soll ich wirklich hindurch?

Mein Finger zittert ein bisschen, als er sich dem Kamera-Symbol nähert. Nur mit Mühe schaffe ich es, zu tippen. Ich atme tief durch. Ab jetzt übernimmt mein Handy. Das ist er wohl, dieser von Frau Hein viel beschworene »point of no return«.

Die Verbindung wird hergestellt. Dann öffnet sich die Pforte und Elias' Gesicht erscheint auf dem Display.

»Hey, Amelie!«, meldet er sich überrascht.

Er kennt meinen Namen noch!

Die Hitze, die ungefragt meinen Körper durchflutet,

hilft meinen verkrampften Muskeln wenigstens, sich zu entspannen.

Allerdings nur für kurze Zeit.

»Was willst du?«, fragt Elias barsch.

»Äh … also … ich wollte mich nur mal melden«, stottere ich herum und schaffe es nicht einmal, diesen einen Satz zu vollenden.

»Das ist gerade ganz schlecht. Ich habe gleich Training und muss mich noch vorbereiten.«

»Ah, okay, ich dachte nur, wegen des Bioreferats …« Die Fähigkeit, in ganzen Sätzen zu sprechen, scheine ich mit einem Mal verloren zu haben.

»Darum habe ich mich noch nicht gekümmert, so schnell geht das nicht. Ich kann mich schließlich nicht nur mit solchem Babykram beschäftigen. Und überhaupt, liebe Amelie«, Elias betont dabei das Wort »liebe« so, dass es genau wie das Gegenteil klingt, »du nervst ziemlich. Ruf mich nicht noch mal an, hörst du? Da gibt es ganz andere Mädchen, mit denen ich viel lieber reden würde!«

Mit diesen Worten legt er auf.

Ich lasse mein Handy fallen, schlage die Hände vors Gesicht und sinke auf meinem Bett zusammen. Unfähig, irgendetwas zu tun, überlasse ich mich ganz dem heftigen Pochen meines Herzens, das sogar bis zu dem

Kissen dringt, auf dem ich liege. Genau das hatte ich befürchtet, als ich Elias anrief, genau so hatte ich es mir vorgestellt!

Aber es ist ganz anders gekommen.

Zwar zitterte mein Finger wirklich, als er sich dem Kamera-Symbol näherte. Auch alles andere war so. Ich tippte, atmete tief durch, konnte nicht mehr zurück. Die Verbindung wurde hergestellt und Elias' Gesicht erschien.

»Hi, Amelie«, meldete er sich aber dann und schien ehrlich erfreut, »schön, von dir zu hören!«

Ich schnappte für einen Moment nach Luft. So akribisch hatte ich mich vorbereitet, mir ganz genau überlegt, was ich sagen würde, aber jetzt war alles weg. »Ja«, brachte ich nur heraus. Wie überaus scharfsinnig.

»Arbeitet ihr wieder an eurem Referat?«, wollte Elias wissen.

»Nein, ich bin allein.« Oh Mann, das hatte er doch gar nicht gefragt!

»Ach so.« Elias lachte. »Recht hast du, für Frau Becker sollte man sich wirklich nicht zu sehr anstrengen. Ich werde bald mal gucken, ob ich was für euch finde.« Elias lächelte mich an. »Und sonst?«

»Alles gut«, sagte ich nicht sehr einfallsreich. Dann klappte mein Mund einfach wieder zu und verweigerte jede weitere Tätigkeit.

»Tut mir übrigens leid, wenn ich ein bisschen verschwitzt aussehe«, meinte Elias und strich sich eine feuchte Locke aus dem Gesicht. »Ich trainiere gerade.« Mit diesen Worten schwenkte er sein Handy durch den Raum bis zu einem Boxsack, der von der Zimmerdecke baumelte. Dann erschien eine Hand mit einem Boxhandschuh auf dem Display. »Überlege dir gut, was du sagst, ich verstehe absolut keinen Spaß!«, drohte er übertrieben.

Ich musste kichern.

»Das willst du nicht erleben, wenn ich wütend werde«, machte Elias weiter. Ein großer, angespannter Bizeps füllte das Display komplett aus.

Ich musste laut auflachen.

»Okay, was willst du noch sehen?« Elias' fröhliches Gesicht erschien wieder im Bild.

»Dein Zimmer«, forderte ich mutig.

»Echt jetzt? Warum das denn?«

»Weiß nicht.«

»Also bitte schön: mein Zimmer!«

Einen Moment konnte ich Elias' ausgestreckten Arm sehen, doch dann richtete er sein Handy wieder in den Raum hinein und begann sich um die eigene Achse zu drehen, allerdings viel zu schnell, sodass ich überhaupt nichts erkennen konnte. Vergnügt grinste er mich wieder an.

»Noch mal«, verlangte ich. »Aber langsamer!«

»Ganz wie die Dame wünschen«, meinte Elias untertänig. Die zweite Runde lief nun sehr viel gemächlicher und wurde noch dazu von Elias kommentiert: »Hier sehen Sie die königlichen Gemächer, wie sie die Öffentlichkeit noch nie zu Gesicht bekommen hat. Der begehbare Kleiderschrank …« Mit großer Geste öffnete Elias einen weißen Holzschrank, ohne Spiegel an der Innenseite, wie mir auffiel, zwängte sich mühsam hinein und winkte mir albern zu. »Es folgen das prächtige Office zum Unterzeichnen wichtiger Erlasse«, ein Ikea-Schreibtisch wurde sichtbar, »sowie die königliche Ruhestatt.« Einen Moment wurde es dunkel, dann sah ich ein ziemlich zerwühltes Bett.

»Des Königs liebstes Möbelstück«, erklärte Elias grinsend und warf sich in die Kissen.

»Was ist das über deinem Bett?«, fragte ich atemlos.

»Das?« Die Handykamera schwenkte noch einmal herum zu einem großen Wandposter, das einen Himmel in unendlich vielen unterschiedlichen Grüntönen zeigte. Elias seufzte. »Irgendwann einmal möchte ich unbedingt Nordlichter sehen. Mein Opa kam aus Finnland, weißt du, und er hat mir schon als kleiner Junge immer wieder Bilder davon gezeigt. Aber wir konnten uns die Reise nie leisten.« Elias seufzte noch einmal. »Jetzt kennst du schon des Königs geheimste Träume«, fügte er leise hinzu.

Bisher hatte ich aufrecht auf meinem Bett gesessen, aber jetzt sank ich wachsweich in meine Kissen. »Ich möchte alles noch einmal sehen«, bat ich Elias.

Nach einem kurzen überraschten »Okay« tat er mir den Gefallen. Diesmal passte ich genau auf: Wieder erschienen erst der Kleiderschrank und dann der Schreibtisch im Bild, bevor es erneut einen Moment dunkel wurde und danach das Bett auftauchte. »Halt!«, rief ich und setzte mich auf. »Warum machst du das?«

»Was denn?«

»An einer Stelle immer die Hand vor die Kamera halten! Schon zum zweiten Mal! Ist da etwas, das ich nicht sehen soll?«

»Amelie, Amelie, dir entgeht aber auch nichts«, sagte Elias verblüfft in die Kamera. Aber dann schüttelte er den Kopf. »Für heute hast du genug königliche Geheimnisse erfahren, finde ich.«

»Ach, bitte!« Ich bettelte wie ein kleines Kind, das nach mehr Süßigkeiten verlangt.

»Nein, Schluss für heute.«

»BITTE!!!« Jetzt klang das Kleinkind weinerlich.

Elias sah mich lange und ernst an. Ich versuchte, mein vertrauensvollstes Gesicht aufzusetzen, und klimperte mit meinen nicht vorhandenen langen Wimpern. Schließlich gab er sich geschlagen. »Na schön, aber als Staatsgeheimnis ist es wirklich topsecret und du musst es absolut für dich behalten.« Dann nahm die Handykamera erneut die Runde auf, stoppte nach dem Schreibtisch kurz und zeigte schließlich auf einem Sessel einen großen zerlumpten Kuschelhasen mit einem halb abgerissenen Ohr.

»Was ist das denn?«, hauchte ich entzückt.

»Darf ich vorstellen: Hasi!« Elias hob ein wenig verlegen den Hasen hoch, drückte ihm einen Kuss auf sein kaputtes Ohr und setzte ihn aufs Bett. »Hasi ist mein Kumpel seit meinem ersten Tag auf dieser Erde, und jetzt kann ich ihn doch nicht einfach im Stich lassen, oder was meinst du? Aber wenn du nur einem davon erzählst …« Die Hand mit dem Boxhandschuh erschien wieder und schüttelte sich drohend.

In diesem Moment ertönte im Hintergrund eine Klingel und Elias richtete die Kamera wieder auf sich. »Amelie, das sind Ben und Matthis. Wir müssen jetzt leider Schluss machen, tut mir leid, ich muss los. Aber du meldest dich mal wieder, ja? Versprochen?«

»Versprochen«, flüsterte ich und nickte.

»Fein! Mach's gut!«

Weg war er.

Ich nehme meine Hände vom Gesicht und drehe mich auf den Rücken. Glücklich starre ich an die Wand über meinem Bett, an dem ein riesengroßes Poster hängt. Es zeigt einen Himmel in allen möglichen Grüntönen: Nordlichter, die ich schon immer mal sehen wollte.

der mit der ferse

»Achtung! Dahinten ist ein großes Loch im Boden! Wir werden umkippeeen!« Ich fange an zu kreischen und kralle mich unwillkürlich an einem Kissen fest.

Elias lacht. »Keine Sorge. So schnell passiert schon nichts. So ein Schlitten ist sehr breit und stabil.«

Ich seufze wohlig und beobachte weiter die Hunde, die laut hechelnd vor uns herrennen. Eins, zwei, drei … Acht sind es insgesamt im Gespann. Sie springen so mühelos durch den tiefen Schnee, als hätten sie nicht ein solches Gewicht zu ziehen, im Gegenteil, immer schneller werden wir.

Jetzt geht es auch noch abwärts! »Hilfe, gibt es hier keine Bremse?« Wieder bekommt das Kissen meine Aufregung zu spüren.

Aber schon sind wir unten und Elias und ich verfolgen

schweigend die Weiterfahrt. Es geht durch verschneite Landschaften endloser Weite, alles Licht der Welt scheint sich hier zu treffen, um zu reinstem Weiß reflektiert zu werden. Die Hunde rennen weiter und weiter, in den Sonnenuntergang hinein, der das Weiß gegen ein flammendes Rot eintauscht. Schnell übergibt dieses an die blaue Nacht und wir halten und rasten. Im Schein des Lagerfeuers warten wir geduldig ab und werden nicht enttäuscht: Über uns nimmt der Himmel endlich den Kampf gegen die Dunkelheit auf, zuerst zögerlich, doch bald schon verkünden grünliche, tanzende Leuchtspiralen seinen Sieg: Nordlichter. So schön.

Ehrfürchtig klappe ich mein vor mir stehendes Laptop zu und richte mein Handy wieder auf mein Gesicht. »Wie fandest du's?«, frage ich gespannt.

Statt einer Antwort lächelt Elias mich nur an. Nach einer Weile sagt er leise: »Ivalo. Genau da hat mein Opa gewohnt.«

Noch eine ganze Weile schweigen wir. Obwohl ich hier zu Hause allein auf meinem Bett liege, habe ich doch das vertraute Gefühl, Elias' Hand zu greifen und zu halten. So viel haben wir in letzter Zeit zusammen erlebt.

Angefangen haben wir mit Fail-Videos. Ich schickte ihm eines von einem Boxer, der es wohl etwas mit dem Training übertrieben hatte. Dieser Wahnsinns-Muskelprotz sah aus, als hätte man ihn zu prall aufgepumpt, aber das Ventil zum Luftablassen vergessen. Seine Beine konnte er wegen der monströsen Oberschenkel nicht mehr schließen und seine Arme standen wie kleine Stummel seitlich vom Körper ab. Ein Kumpel klebte ihm vor laufender Kamera ein Pflaster auf den Rücken, genau zwischen die Schulterblätter, und unser Supermann sollte es entfernen. Aber die aufgepumpten Arme waren so unbeweglich, dass er sie nicht einmal minimal nach hinten biegen, geschweige denn mit seinen Händen an seinen Rücken fassen konnte. Wieder und wieder versuchte er es und hopste dabei hilflos auf und ab, was aber auch nichts brachte. All seine Kraft nützte nichts, das Pflaster blieb, wo es war.

Ein Stinkefinger und ein lachendes Emoji waren Elias' Antwort, und dann kam ein Video über eine Schülerin hinterher, die ein Referat halten musste und sich dabei heillos verhaspelte, schließlich vor Aufregung auch noch über ein Kabel stolperte und in ihre kunstvoll aufgebaute Präsentation fiel.

Von diesem Tag an teilten wir alles, was uns gefiel und wir dem anderen zeigen wollten: das kleine Koalababy, das von seinem großen Bruder immer wieder vom Baum geschubst wurde, oder das Kleinkind, das sich meckernd mit einer Ziege »unterhielt«, wir sahen uns

Hacks an, wie die nächste Party garantiert noch angesagter werden würde, und ließen uns darüber aufklären, wie wenig in unserem Land gegen den Klimawandel getan wird. Und heute hatte ich diese Hundeschlittenfahrt zu den Nordlichtern gefunden.

»Du bist dran«, unterbricht Elias jetzt mit einem Mal die Stille.

»Womit?«

»Damit, mir dein Geheimnis zu verraten, deinen empfindlichsten Punkt, deine Achillesferse sozusagen.« Elias grinst in die Kamera. »Wir haben gerade griechische Mythologie, weißt du«, erklärt er.

»Was meinst du?«

Der zerlumpte Kuschelhase kommt ins Bild. »Meine habe ich dir sofort beim ersten Mal gezeigt. Was ist mit dir? Komm schon, jeder hat irgendetwas Peinliches, über das er nicht gern sprechen möchte!«

»Ich weiß nicht …« Mir ist natürlich schon klar, was Elias meint, aber soll ich das wirklich tun? Allerdings haben wir doch eben noch Hand in Hand zusammengesessen, so vertraut miteinander.

»Pass auf«, unterbricht Elias meine Gedanken, »ich mache dir einen Vorschlag: Ich finde es selbst heraus!«

»Wie denn?«

»Ganz einfach: Du zeigst mir dein Zimmer, so wie ich

dir meines gezeigt habe.« Elias senkt seine Stimme zu einem verschwörerischen Flüstern. »Denn unsere Geheimnisse liegen immer in nächster Nähe verborgen.« Dann aber lacht er wieder. »Wetten, ich finde es heraus?«

Vielleicht sollte ich es auf einen Versuch ankommen lassen. Also stehe ich auf, stelle mich in die Mitte meines Zimmers und beginne mit ausgestrecktem Arm meine Runde. Ich filme meinen Schreibtisch, mein Bett, meinen Kleiderschrank, öffne die eine Tür, dann halte ich die Hand vor die Kamera, drehe mich weiter, bin erneut beim Schreibtisch angelangt.

»Halt«, ruft Elias. »Da war es!«

»Wo genau?«

»Noch mal«, verlangt Elias gespannt, »aber langsamer!«

Also beginne ich die Runde von vorn und verdecke an derselben Stelle die Linse.

»Stopp! Was ist da?«

Langsam nehme ich die Hand herunter und gebe das Blickfeld frei auf das Mädchen im Spiegel.

Eine Weile ist es still. »Das bist du«, ertönt es dann verblüfft aus dem Handy.

»Ja«, stelle ich schlicht fest.

»Und wo ist jetzt das Problem?«

Mit einem Mal habe ich das Gefühl, hoch oben auf einer Klippe zu stehen. Wenige Meter vor mir geht es steil herunter in die stürmische See.

»Ich denke, das findest du selbst heraus? Guck doch mal genau hin.«

»Ich gucke«, antwortet Elias ratlos.

»Nicht gerade die klassische Traumfigur, was?« Ich beginne, auf den Felsrand zuzugehen.

»Nein, aber das kann ja noch werden!«, antwortet Elias lachend. Aber als ich nicht mitlache, wird er wieder ernst. »Amelie, ich weiß nicht, ob ich das jetzt richtig verstehe, aber du ...«

»Ich sehe doch irgendwie blöd aus.« Weiter kann ich nicht. Direkt unter mir kracht die See tosend gegen die Felsen.

»Was?«, fragt Elias erstaunt nach. »Wie meinst du das?«

Ich kann Elias nicht antworten. Mein Blick wird magisch in die Tiefe gezogen.

»Amelie, ich gebe mich geschlagen, ich weiß nicht, was du meinst. Aber ... aber es ist doch alles in Ordnung mit dir ... du bist doch ...« Elias räuspert sich verlegen.

Ich schließe die Augen und mache einen Schritt nach vorn, ins Leere.

»... hübsch und vor allem«, spricht Elias immer

schneller weiter, fast so, als wollte er mich aufhalten, »richtig nett, hörst du? Man kann gut mit dir reden, über alles Mögliche, und …«

Ich breite die Arme aus.

»… ich mag dich«, setzt Elias fast verzweifelt hinzu.

Ich fliege.

die doppelte amelie

Ich stehe vor dem Bioraum, wie immer donnerstags vor der dritten Stunde. Die Tür öffnet sich, auch wie immer. Aber alles andere ist heute nicht wie sonst. Als sich alle an mir vorbeidrängeln und ich die Stühle sehe, fühle ich es plötzlich. Etwas hat sich verändert.

Ich schiebe einige Klassenkameraden an die Seite und steuere zielsicher auf den allerekligsten Stuhl zu, den ich entdecken kann. Entschlossen packe ich ihn und gehe damit zum Jungstisch, wobei Kira mich überrascht beobachtet. »Stopp!«, befehle ich Lennart, als der sich gerade setzen will. »Ich glaube, das ist deiner. Du hast dir doch so viel Mühe damit gegeben, dann sollst du auch auf ihm sitzen dürfen.« Mit diesen Worten ziehe ich ihm seinen Stuhl regelrecht unterm Hintern weg und tausche ihn gegen das beschmierte Exemplar aus. Zufrieden meine Trophäe vor mir hertragend, kehre ich zu meinem Platz zurück.

»Na also«, meint Kira grinsend und hält den Daumen hoch. »Sieht übrigens gut aus«, fügt sie hinzu und deutet mit dem Kinn auf meine Bluse. Ich habe heute eine eigene, engere an, deren Zipfel ich mir vor dem Bauch zusammengebunden habe.

»Zur Feier des Tages, dachte ich«, erwidere ich ebenfalls grinsend.

In diesem Moment kommt Frau Becker herein. Schon jetzt, zu Beginn des Unterrichts, sieht sie erschöpft und müde aus. Nach einem Blick in ihr Buch aber schaut sie erleichtert auf: »Amelie und Kira, ihr haltet heute euer Referat!«

Ich nicke und gehe mit Kira nach vorn. Ich bin in genau der richtigen Stimmung für einen Vortrag, ich glaube, man hätte mich auch in einen bewaffneten Kampfeinsatz schicken können, und das wäre in Ordnung gewesen. Breitbeinig stelle ich mich vor die Klasse, mache den Rücken gerade und hebe den Kopf. In der Vergangenheit habe ich mir unzählige dieser »So-bekommst-du-garantiert-eine-Eins-im-Referat«-Videos angeguckt und nie hat es irgendetwas gebracht. Heute aber funktioniert das mit der dort empfohlenen Körpersprache wie von selbst. Fast zärtlich nehme ich die

Unterlagen, die uns Elias überlassen hat, in die Hände und lasse dann meinen Blick fest und sicher durch die Klasse schweifen, bevor ich beginne: »Die Haut ist flächenmäßig das größte, das schwerste und das vielseitigste Organ des menschlichen oder tierischen Organismus.« Nacheinander nehme ich die schlimmsten Jungen ins Visier und fahre schließlich fort: »Sie dient der Abgrenzung von innen und außen und damit dem Schutz vor allen möglichen Umwelteinflüssen, wie mechanischen Verletzungen oder dem Eindringen von Erregern.«

Bei dem Wort »Eindringen« machen sich erste Anzeichen von Unruhe unter Lennart, Paul, David und Tim breit. Aber ich ignoriere das einfach und fahre mit erhobener Stimme fort: »Besiedelt wird sie von Bakterien und Pilzen.«

Bevor sich noch jemand rühren oder gar blöde Bemerkungen machen kann, übernimmt, wie abgesprochen, Kira. Gleichgültig referiert sie über den Aufbau mit Unter-, Ober- und Lederhaut. Dass die Karteikarten, mit denen sie arbeitet, gar nicht von ihr stammen, merkt man ihr aber nicht an; so gut hat sie sich dann doch vorbereitet. Als ich wieder an der Reihe bin und unseren Vortrag souverän zu Ende führe, fällt mir auf, dass dabei nicht wie sonst üblich getuschelt oder mehr oder weniger verstohlen gegähnt wird. Im Gegenteil, nach und nach hat sich in der Klasse eine fast ehrfürchtige Stille breitgemacht. Sogar Frau Becker sitzt inzwischen bei den anderen an einem Tisch und beobachtet uns mit großen Augen.

Schließlich kommt wie immer die letzte Hürde, die oftmals die größte ist: das »Feedback«. »Das Feedback ist ein Geschenk« ist Frau Beckers Lieblingsspruch. Und das soll heißen: Egal was man dir an den Kopf knallt, du darfst nichts dazu sagen und dich nicht das kleinste bisschen dagegen wehren. Bisher war das Feedback nach einem Referat für mich immer der Boxring, in dem ich mich, in die Ecke gedrängt, einer Vielzahl von mir haushoch überlegenen Gegnern gegenübersah.

»Euer Feedback?«, läutet Frau Becker jetzt die letzte Runde ein. Fragend blickt sie im Klassenraum umher. »Lennart?«

Hinter dem Rücken von Frau Becker gucke ich Lennart stechend an, stemme die Arme in die Seiten und ziehe die Augenbrauen drohend hoch. Einen Moment sehen wir uns genau in die Augen.

Schließlich gibt er sich grinsend geschlagen. »Ich fand's okay«, meint er und fügt gönnerhaft hinzu: »Und außerdem wurde es ganz gut vorgetragen!«

Nach der Stunde gehe ich schon einmal vor auf den Schulhof; Kira muss noch aufs Klo. Zwar lächle ich stolz, aber insgeheim bin ich verwirrt. Was ist denn da gerade passiert? Welche Amelie ist denn heute in die Schule gekommen? Ist das jemand Neues oder bin das jetzt endlich ich selbst? Oder gibt es vielleicht zwei Amelies gleichzeitig, aber welche ist dann die echte? Nur eine oder beide?

Da sehe ich hinten beim Säulengang Elias mit Ben und Matthis stehen. Aufgeregt winke ich und mache einen Schritt auf ihn zu. Ich will ihm von diesem fantastischen Referat erzählen, das wir schließlich zum Großteil ihm zu verdanken haben. Doch Elias hebt nur kurz den Kopf und zwinkert mir kaum merklich zu. Dann wendet er sich sofort wieder von mir ab.

Ich bleibe abrupt stehen, als sei da eine unsichtbare Mauer zwischen uns. Was ist los? In diesem Moment drehen sich Ben und Matthis zu mir um, betrachten mich von oben bis unten und fangen breit an zu grinsen. Kumpelhaft hauen sie Elias auf die Schulter und sagen irgendetwas zu ihm, woraufhin alle zu lachen beginnen. Da gehe ich jetzt wohl besser nicht hin. Es ist aber auch zu blöd, dass Elias nie allein unterwegs ist.

Also drehe auch ich mich um und will gerade weggehen, als ich hinter mir lautes Rufen höre.

»Warte mal, Amelie!« Lina und Celine kommen angerannt. Ganz außer Atem bleiben sie vor mir stehen. In ihren Händen halten sie ihre Mathehefte.

»Was gibt's?«

»Tolles Referat eben«, meint Celine immer noch keuchend. »Du hast es echt drauf. Dabei ist uns eingefallen«, ihr Blick geht zu Lina, die zustimmend nickt, »dass wir komplett vergessen haben, unsere Mathe-Hausaufgaben zu machen. Wir schaffen das jetzt einfach nicht mehr und du bist viel besser! Könntest du uns noch einmal helfen? Das wäre echt total nett!«

Ich gucke erst Lina und dann Celine an, die mir daraufhin strahlend ihre Hefte entgegenstrecken. Einen ganz kleinen Moment droht die alte Amelie zu übernehmen, die, die sich immer freut, wenn Lina und Celine sie um etwas bitten. Aber sie verschwindet genauso schnell wieder, wie sie gekommen ist.

Entschieden schüttle ich den Kopf. »Nein, ich mache eure Hausaufgaben nicht.« Ich schiebe die Hefte wieder zurück. »Jetzt nicht und auch sonst nicht mehr.«

»Was?«, »Spinnst du?«, »Warum das denn?«, rufen meine »Freundinnen« verblüfft und wütend durcheinander.

»Ganz einfach. Weil ich überhaupt keine Lust dazu habe.« Mit diesen Worten wende ich mich endgültig um und lasse beide einfach stehen.

abgrundtiefes glück

ICH WILL DAS NICHT MEHR HÖREN!!!

So fest ich kann, presse ich mir die Hände gegen die Ohren. Trotzdem dringen immer noch wütende Sprachfetzen hindurch, die Mama und Papa wie Kugeln aufeinander abfeuern. Dazu diese immer gleichen Bilder: Mama auf der Flucht, soweit ihr enger Rock und ihre Stöckelschuhe das zulassen, und Papa mit flehend erhobenen Armen mitten im Raum, hilflos.

»Hört auf!«, schreie ich, ohne die Hände herunterzunehmen. Meine im Kopf eingeschlossene Stimme klingt, als würde sie mich selbst anflehen.

Und doch reagieren Mama und Papa. Beide schauen abrupt zu mir hoch, Mama verwirrt, Papa entsetzt. Hier oben auf der Galerie fühle ich mich mit einem Mal mächtiger als sonst, nicht mehr klein, sondern größer und stärker, fast wie ein Herrscher, der auf seine Untertanen herabblickt.

Papa läuft eilig zur Treppe, bleibt aber unten stehen. Beschwichtigend legt er eine Hand aufs Geländer, als könnte allein dadurch eine Verbindung zwischen uns entstehen. »Amelie, meine Kleine ...«, beginnt er, bricht dann aber ab.

Jetzt erst lasse ich meine Hände sinken und starre ihn einen Moment an. Ich weiß nicht genau, worauf ich warte, aber sicher nicht auf dieses unsichere Schweigen, das nun folgt. Mein Blick wandert zu Mama; auch Fehlanzeige. Ich trete ein paar Schritte zurück, bringe Abstand zwischen uns. Dann drehe ich mich auf dem Absatz um und stürme in mein Zimmer. Mit dem Knallen meiner Tür lasse ich keinen Zweifel daran, dass es für mich nichts mehr zu sagen gibt.

Zumindest nicht bei den beiden. Denn sofort schmeiße ich mich auf mein Bett, entsperre mein Handy und tippe den einzigen Kontakt an, den ich jetzt herstellen möchte.

»Hi, Amelie«, meldet sich Elias.

Aufgebracht, wie ich bin, möchte ich eigentlich sofort loslegen und alles wütend aus mir herausschimpfen. Aber als ich Elias' Lächeln sehe, geht es plötzlich nicht mehr. Es ist, als würde er mir meine drohend hoch erhobenen Waffen abnehmen, beruhigend meine Hände greifen und sie sanft halten. Nun stehe ich da ohne meine Wut und etwas ganz anderes kommt zum Vorschein.

»Was ist los?«, höre ich Elias' ehrlich besorgte Stimme. »Ist etwas passiert?«

Dass ein einziges kleines Wort solch eine Wirkung haben kann. »Ja«, hauche ich mehr, als ich es sage, und dann geht es los: Tränen brechen aus mir hervor wie ein Fluss durch einen gebrochenen Staudamm. Meine Augen schicken unaufhörlich wahre Wassermassen über meine Wangen und meine Nase versucht tapfer mit Rotz und Schleim mitzuhalten. Ein noch halbwegs vernünftiger Teil in mir schämt sich, und trotzdem ist das Letzte, was ich jetzt will, das Handy zur Seite zu legen. Ich schluchze, schniefe, versuche immer wieder ein verlegenes Lächeln, schnappe zwischendurch nach Luft wie ein Fisch, den man nach dem Fang achtlos auf den Strand geworfen hat.

Elias sieht mich die ganze Zeit an. »He, Amelie, ist ja gut, ist ja gut«, flüstert er immer wieder. Als ich aber einfach nicht aufhöre, zeigt er lachend auf seine Schulter. »Okay, die halte ich dir jetzt hin und dann kannst du dich richtig ausheulen.« Jetzt füllt die Schulter das gesamte Bild aus.

Schluchzend lache auch ich auf, dann heule ich die Schulter an wie ein Wolf den Vollmond. Meine ganze ohnmächtige Traurigkeit schicke ich zu ihr, zerknülle dabei mindestens eintausend nasse Taschentücher, die überall im Zimmer, nur nicht im Papierkorb landen.

Nach einer ganzen Weile erscheint wieder Elias' Gesicht. »So, die ist jetzt nass. Seitenwechsel«, erklärt er vergnügt, und ich nehme ihm seine Heiterkeit überhaupt nicht übel, sondern begrüße fast erleichtert die neue Schulter im Bild. Auch sie macht ihre Sache gut, hält mein Geheule standhaft aus, das endlich nach langer, langer Zeit schwächer wird, in immer kürzere Schluchzer mit immer größeren Abständen übergeht. Ein letztes lautes Schnauben ins Taschentuch und ein noch einmal in hohem Bogen geworfenes Knäuel beenden schließlich meinen Ausbruch. Erleichtert und auf wohltuende Weise erschöpft lehne ich mich in mein Kissen zurück.

»Wieder alles okay?«, fragt Elias liebevoll. Und als ich nicke: »Dann erzähl jetzt aber mal. Was ist los?«

Eine Weile druckse ich herum, aber dann schaffe ich es, die Worte, die schon so lange in mir nagen, nach draußen zu entlassen. »Meine Eltern streiten sich andauernd.« Mehr muss ich gar nicht sagen. Elias versteht sofort, besser als ich selbst.

»Aha«, seufzt er tief und schaut mich mitfühlend an. »Ich weiß, was du meinst. Die ganzen Jahre warst du ihr Kind, ihr Baby, das sie immer beschützt haben, für das sie immer da waren. Ihr habt zusammen Sandkuchen gebacken, seid in den Urlaub gefahren und habt Riesenportionen Eis zusammen verdrückt. Am Abend haben dir deine Eltern immer vorgelesen, sonst wäre das mit dem Einschlafen nichts geworden. Und wenn du krank warst, haben sie abwechselnd an deinem Bett gesessen, die Stirn gefühlt, dir Tee gebracht und leise deine Lieblingslieder vorgesungen. Und miteinander gekuschelt habt ihr sowieso immer, dafür brauchte es keinen besonderen Grund, stimmt's?«

Erstaunt nicke ich. »Warst du dabei, oder was?«, versuche ich meine Verlegenheit grinsend zu überspielen.

»Und jetzt«, Elias kommt mit seinem Gesicht ganz nah heran, »hast du Angst, dass sie sich scheiden lassen und alles vorbei ist.«

Vor Schreck schließe ich die Augen. So genau habe ich das noch nie zu Ende gedacht, aber als Elias es jetzt ausspricht, merke ich, dass es genau diese Angst ist, die schon seit Langem in meinen dunkelsten und verborgensten Tiefen hockt und wächst und wächst, um endlich ihr Versteck sprengen und herauskommen zu können.

»Also das ist dein eigentliches Geheimnis, Amelie«, höre ich Elias flüstern und öffne die Augen wieder, »*davon* darf niemand etwas wissen.«

Er hat wohl recht. Ich gebe mich geschlagen und nicke.

»Weißt du, bei mir war das eine Zeit lang ganz genauso«, fährt Elias jetzt fort. »Ich kann dich so gut verstehen. Meine Eltern haben über jeden Mist gestritten, es war nicht auszuhalten, und ich war nachher froh für jede Minute, die sie sich nicht über den Weg liefen.«

»Echt?«, frage ich ungläubig. »Und was hast du gemacht?«

Der Boxsack kommt ins Bild. »Ich habe damit angefangen, etwas für meine eigene Kraft getan. Immer drauf, das tat gut.« Der angespannte Bizeps erscheint, dann wieder Elias, grinsend. »Ich meine, es ist doch so: Die Zeit der gemeinsamen Ausflüge und so ist doch sowieso schon lange vorbei, oder etwa nicht? Natürlich ist es besser, wenn die Eltern gut miteinander klarkommen, aber wenn nicht, ist das doch ihr Problem, nicht unseres! Das habe ich kapiert, als ich mit dem Boxen anfing und immer weniger zu Hause war. Da habe ich mich dann auch immer häufiger mit Ben und Matthis getroffen, und mit jedem Tag ging es mir besser. Übrigens haben sich meine Eltern irgendwann wieder ganz von allein eingekriegt. Heute ist es fast alles wieder wie früher.«

Erleichtert atme ich auf.

Elias schaut mich ernst an. »Es ist wichtig, sich klarzumachen, dass man nicht allein ist, hörst du?«

Die Erleichterung beginnt, in mir Purzelbäume zu schlagen und zu ausgewachsener Freude zu werden.

»Und du bist das auch nicht«, fügt Elias schlicht hinzu.

Für einen Moment lege ich mein Handy aufs Kissen und schaue aus dem Fenster. Heute ist ein sonniger Tag, wie ich erst jetzt bemerke. Ein Zweig der großen Buche vor unserem Haus erzittert leicht, als eine Meise auf ihm landet. Ausgelassen hüpft sie hin und her und guckt schließlich neugierig zu mir herein.

Wie kann es sein, dass man eine so abgrundtiefe Traurigkeit in sich trägt und gleichzeitig so glücklich ist wie noch niemals zuvor? Ein Gedanke kommt wie der kleine Vogel angeflattert und lässt sich in mir nieder: Das Leben ist schön.

einheitsgröße

Da sind sie, die beiden Worte, die ich so lange gemieden habe. Deutlich stehen sie auf dem Etikett, überraschend harmlos: One Size.

Ich hänge die Bluse wieder an den Ständer zurück und sehe mich immer noch ein wenig ungläubig um: Nie habe ich mich hierhin getraut, in diesen Laden *Bell-Mandy*, der ausschließlich Klamotten in nur einer Größe verkauft. Ausgerechnet ich sollte in diese meist kurzen und engen Sachen passen? Nie im Leben! Aber vielleicht kommt es ja einfach auf einen Versuch an?

Ich befühle das ziemlich dicke Geldbündel in meiner Hosentasche. Seit Jahren schon lege ich alles zur Seite, was mir Tante Ulla, Oma und andere Verwandte immer mal wieder zugesteckt haben. Als hätte ich auf diesen Tag hin gespart. Denn heute soll das Geld ausgegeben oder, besser gesagt, investiert werden. Ich habe nämlich das Gefühl, etwas Sinnvolles vorzuhaben, etwas, das sich lohnen und »rechnen« wird.

Wo ist denn nur Kira? Vorsichtshalber habe ich sie zur Verstärkung mitgenommen. Ah, dahinten am Regal mit den Pullis klirrt es vertraut. Ich sehe, wie Kira prüfend ihre Hände die Stapel entlangwandern lässt. Schließlich zieht sie ein Exemplar heraus. »Wie wäre es denn damit?«, ruft sie quer durch den ganzen Laden.

Ich schüttle entschieden den Kopf. Dieser Pulli gefällt vielleicht Kira, aber sicher nicht mir. »Schwarz ist nicht meine Farbe«, rufe ich genauso laut zurück.

Eine Verkäuferin, die den Großteil ihres Gehaltes sofort wieder in die Klamotten, die hier verkauft werden, zu stecken scheint, taucht neben mir auf. Eindeutig Sanduhr, bemerke ich sogleich, nehme mir aber fest vor, mich davon nicht irritieren zu lassen. »Kann ich dir helfen?«, flötet sie. »Wir haben gerade ganz neue Ware reinbekommen! Willst du mal gucken? Superschick!« Sie zeigt auf einen großen Stand am Eingang des Ladens.

Gehorsam nicke ich und setze mich in Bewegung. Aber ein einziger Blick zeigt mir, dass die »superschicke neue Ware« nichts für mich ist: neonbunte Tops mit Glitzerkanten, nein danke. Als Bonbon kann ich immer noch zum Fasching gehen. Ich drehe mich kurz zu der

Verkäuferin um, lächle freundlich und biege ab zur gegenüberliegenden Wand.

Hier habe ich nämlich etwas gesehen, was mir wirklich gefällt: eine taillierte Bluse in Olivgrün. Meine Augen sind grün, und mir ist schon häufiger aufgefallen, dass sie richtiggehend leuchten, wenn ich ein Oberteil in der gleichen Farbe trage. Außerdem schnappe ich mir noch ein sandfarbenes Shirt mit U-Boot-Ausschnitt, das gut zu meinen braunen Haaren passen wird, und ein rosa Spaghettiträger-Top. Jeans brauche ich auch noch, am besten »Slim«; die hier mit den Fransen und kaputten Knien finde ich schön. Was noch? Sneaker, genau, mit Plateausohlen! Dazu goldene Creolen, und der Look ist perfekt.

Schwer beladen steuere ich auf die Umkleidekabine zu. Eine zweite Verkäuferin hat sich hier wie eine Wachfrau positioniert. Sie zählt die Teile ab und drückt mir ein Schild mit der entsprechenden Anzahl in die Hand. Dann ist der Weg frei.

Als ich in die Kabine trete, schrecke ich zurück. Durch die vielen Spiegel an den Wänden bin ich von allen Seiten und sogar von hinten zu sehen, daran muss ich mich erst einmal gewöhnen. Langsam beginne ich mich auszuziehen, streife Hose und Hemd ab, betrachte mich einen Moment in Unterwäsche und schlüpfe dann in Jeans und Bluse. Prüfend drehe und wende ich mich vor dem Spiegel und bin erstaunt: Die Jeans sitzt super, Pyramide hin oder her, und die Bluse betont tatsächlich meine Augen. Versuchsweise halte ich mir die Creolen an die Ohren: Gar nicht schlecht, meine liebe Amelie! Mal sehen, was Kira dazu sagt!

Doch als ich aus der Kabine trete, erwartet mich jemand anders. »Langweiliger Laden lässt liebe Leute laut lästern!«, ertönt es quer durch das Geschäft, kurz darauf gefolgt von Kiras schallendem Gelächter.

»Nicki? Was machst du denn hier?«, frage ich genervt. Hoffentlich fragt er mich jetzt nicht zum tausendsten Mal, wann wir wieder was zusammen machen können.

Aber als Nicki mich erblickt, klappt ihm doch tatsächlich die Kinnlade herunter. Sprachlos sieht er mich an. Das nehme ich mal als Kompliment.

»Ich habe ihn draußen vorbeigehen sehen und hereingerufen«, hilft Kira aus.

Inzwischen hat sich Nicki leider wieder gefasst. »Äh, ja, ich dachte, da kann ich doch noch mal fragen, was jetzt mit dem Camping ist.« Hoffnungsvoll sieht er mich an.

»Campen kann kein Kumpel«, meldet sich Kira kichernd zu Wort. Sie muss wohl noch etwas üben.

Ich stöhne kurz auf und wende mich wieder dem Regal zu. »Was meinst du, Kira, welche Sneaker sehen besser aus, die weißen oder die schwar...« Ich vollende den Satz nicht, die Antwort ist ja sowieso klar. Also nehme ich beide und beginne, einen weißen anzuziehen.

»Hör mal, Amelie«, beginnt Nicki von Neuem, »es muss ja nicht Camping sein. Du kannst doch auch so mal wieder vorbeikommen.«

»Nein«, sage ich, ohne mich aufzurichten, und stampfe fest auf den Boden auf. Diese verflixten Schuhe sind aber auch ziemlich eng.

»Oder ich komme zu dir, was meinst du?«

»Nein«, sage ich. Uff, geschafft, endlich bin ich drin. Ich richte mich auf.

»Eis essen?« Nicki gibt nicht auf.

»Nein.« Okay, die sehen schon mal ganz gut aus. Jetzt probiere ich mal die schwarzen.

»Ach Mensch, Amelie, dann mach du doch mal einen Vorschlag!« Nicki lässt sich jetzt im Schneidersitz auf den Boden fallen, als träte er in einen Sitzstreik, und verschränkt herausfordernd die Arme vor der Brust.

Ich muss wohl deutlicher werden. »Nicki, im Moment geht es gar nicht, kapiert? Ich hab einfach keine Zeit!«

»Und nächste Woche?«

Das ist doch nicht zu fassen! »Nein! Auch nächste Woche hab ich keine Zeit und, ehrlich gesagt, auch keine Lust! Ich melde mich wieder bei dir, okay?«

»Amelie, sag mal, geht's noch?«, zischt Kira.

Nicki steht währenddessen auf. In sein Gesicht möchte ich lieber nicht gucken, mir reicht es schon, seine Stimme zu hören, die alles andere als fröhlich klingt. »Ach so.«

Ich fummle an den schwarzen Schnürsenkeln herum.

»Also, Eis essen wäre doch jetzt eine gute Idee«, höre ich Kira sagen. »Und weißt du was, Nicki? Ich habe gerade Taschengeld bekommen und lade dich ein!«

Aus den Augenwinkeln sehe ich, wie Kira mir einen bitterbösen Blick zuwirft, Nicki unterhakt und mit zum Ausgang zieht.

An der Tür wendet Nicki noch einmal den Kopf: »Das … das … sieht übrigens richtig gut aus«, stottert er verzweifelt. Dabei bekommt er einen ganz roten Kopf.

Auch Kira dreht sich noch einmal um. »Aber die schwarzen sind besser!«

Dann verschwinden beide Richtung Eisdiele. Aufatmend wende ich mich wieder den Schuhen zu. Ich nehme die weißen.

vorahnungen

Das Handy klingelt anders als sonst.

Ich zucke zusammen. Dieses Gefühl, das mich mit einem Mal überkommt, kenne ich. Alles scheint wie immer zu sein und doch stimmt etwas nicht. Irgendetwas liegt in der Luft, das dir sagt: Ab heute wird es nie wieder so sein, wie es einmal war. Etwas hat sich für immer verändert. Dabei ist die normale Reihenfolge der Ereignisse vertauscht, du weißt noch gar nicht, was passiert ist, fängst aber schon mit der Reaktion darauf an, und die bedeutet: Angst und Schrecken.

Damals bei Pazienza war es ganz genauso. Pazienza war meine Katze. Eines Tages ist sie mir einfach von der Schule nach Hause gefolgt. Sie hatte sich mich ausgesucht, aus einer ganzen lärmenden Horde von Kindern, und genau dafür habe ich sie geliebt. Sie lief einfach hinter mir her, leicht hüpfend mit steil aufgerichtetem Schwanz, als würden wir uns schon ewig kennen. Als ich ins Haus ging, blieb sie vor unserer Haustür sitzen, die Pfoten brav nebeneinander aufgestellt, wie eine besonders gut erzogene Katze. Dort wartete sie einfach ab, bis ich Mama und Papa davon überzeugt hatte, sie aufzunehmen. Ziemlich lange dauerte das, alles mussten die beiden genau ausdiskutieren, die Anzahl der täglich ausfallenden Haare wurde genauso erörtert wie die Kosten für die Versorgung während des Urlaubs und der penetrante Gestank von Katzentoiletten. Als ich nach einer Ewigkeit endlich verzweifelt die Haustür aufreißen konnte, um Pazienza hereinzuholen, rechnete ich eigentlich schon gar nicht mehr damit, sie noch zu sehen. Aber sie saß da, ganz ruhig schaute sie mich an, streckte sich und kam in aller Seelenruhe herein. Und damit war auch die Entscheidung für ihren Namen gefallen: Mama hat nämlich eine Schwäche für italienische Schlager, und daher wusste ich, dass »pazienza« »Geduld« bedeutet.

Drei Jahre blieb sie bei uns. Drei Jahre, in denen sie mir entgegenkam, sobald ich nach der Schule die Haustür aufschloss. Nur eines konnte sie davon abhalten, sich sofort an meine Beine zu schmiegen und ihre Streicheleinheiten einzufordern: wenn Mama oder Papa ihren

Napf gerade mit ihrem Lieblingsfutter gefüllt hatten, dem mit den roten und grünen Stückchen.

Dann kam der Tag, an dem mir keine Pazienza entgegenlief. Ich weiß noch genau, wie mir die düstere Atmosphäre im Haus durch die geöffnete Tür entgegenwaberte wie Nebelschleier. Sie erzählte mir von etwas, was nicht wiedergutzumachen war. Hastig ging ich zum Napf: Dort drinnen war Pazienzas Lieblingsfutter, aber es war nicht angerührt. In diesem Moment überkam mich die Trauer darüber, sie nie mehr wiederzusehen, noch bevor ich wusste, dass sie ein Auto erwischt hatte.

Und jetzt also klingelt mein Handy auf eine solch seltsame Art und Weise. Irgendwie warnend. Als ich rangehe, ist es, als würde ich die Haustür öffnen und vergebens auf meine kleine Katze warten.

Es ist Elias. »Hey«, begrüße ich ihn mit unsicherer Stimme.

»Hey«, antwortet er mit einem Lächeln, das sehr viel angestrengter als sonst aussieht.

Tausend Dinge schießen mir durch den Kopf. Was kann passiert sein, was hat er? Denn dass tatsächlich etwas nicht stimmt, sehe ich sofort. Elias ist nicht so locker und fröhlich wie sonst, quatscht nicht einfach drauflos, sondern scheint an etwas herumzuwürgen wie an einem viel zu zähen Stück Fleisch. Was ist bloß los?

Bestimmt hat es mit mir zu tun, womit sonst, wenn er mich anruft? Jetzt wird mir flau in der Magengegend, ich lege das Handy schnell auf dem Tisch ab, damit es nicht so zittert. Vielleicht … will er mir sagen, dass ich ihn nicht mehr anrufen soll? Dass ich ihn nerve? Er keine Zeit mehr für so etwas hat, das alles nicht mehr will? Plötzlich erscheint es mir unfassbar dumm von mir, dass ich je geglaubt habe, Elias könnte mich nett finden. Wie konnte ich nur darauf kommen? Selbst schuld, Amelie, wenn du dir so einen Mist einbildest, brauchst du dich nicht zu wundern, wenn du eines Tages die Rechnung dafür bekommst. Geschieht dir recht, du blöde Kuh!

»Wie geht es dir?«, schaffe ich es gerade so, in die Stille hineinzusagen.

Elias fährt sich mit einer Hand müde durch die Locken. »Ach, nicht so besonders. Gerade hatte ich einen Riesenkrach mit meinen Eltern. Ich krieg das mit Mathe einfach nicht hin. Und jetzt wollen sie unbedingt, dass ich Nachhilfe bekomme. Als würde ich schon nächstes Jahr Abitur machen!« Er stöhnt genervt.

Nein, das ist nicht der Grund für seinen Anruf, das spüre ich. »Na ja, vielleicht ist das doch gar nicht so schlimm«, wende ich vorsichtig ein.

»Doch, ist es. Sie haben nämlich schon einen Nachhilfelehrer gefunden, und es muss auch unbedingt der sein, kein anderer, obwohl er nur Zeit hat, wenn mein Boxunterricht läuft. Aber der ist ›zweitrangig‹, sagt mein Vater.« Jetzt schnaubt Elias verächtlich.

Er rückt immer noch nicht mit der Sprache heraus. Da mir nichts mehr einfällt, was ich noch sagen könnte, warte ich einfach ab.

Elias betrachtet mich eine ganze Weile, so als würde er hoffen, dass ich es auch so verstehe. Das will ich aber nicht.

»Hör mal, Amelie«, fängt er schließlich zögernd an, »wir kennen uns doch jetzt schon eine ganze Weile.«

Ich schlucke. Wusste ich es doch. Jetzt kommt es. Ich kann nicht einmal mehr nicken, sondern starre Elias nur stumm an.

»Und … und ich würde dich gern noch besser kennenlernen.«

Erst jetzt merke ich, dass ich wohl längere Zeit die Luft angehalten haben muss. Erleichtert stoße ich sie jetzt aus und atme neue, frische ein. Das tut gut, Gott sei Dank! Auch wenn ich noch nicht genau weiß, was Elias meint, ist doch eines klar: Besser kennenlernen ist das Gegenteil von Schluss machen. Also nicke ich glücklich.

»Ich meine, wir haben doch keine Geheimnisse mehr voreinander, richtig?«

»Richtig«, flüstere ich und fahre zärtlich mit der Hand über den Samt meines Kuschelkissens.

»Und deshalb können wir uns auch alles sagen und … zeigen, oder?« Bei diesen Worten wendet Elias den Blick ab.

Jetzt komme ich nicht mehr ganz mit. »Was meinst du?«

»Na ja, ich würde gern mehr von dir sehen.«

»Wie, mehr?«

Elias lässt ein gekünsteltes Lachen hören. »Ich meine, wir sitzen uns hier immer gegenüber und sehen uns doch nicht richtig. Dabei ist das doch das Normalste der Welt! Alle machen das!«

Was machen alle? Bin ich so beschränkt oder warum verstehe ich das nicht? »Jetzt sag doch mal endlich, was du meinst!«

Elias hebt seinen Blick, irgendwie verlegen. »Ich würde dich gern mal so sehen, ich meine, ohne etwas an.«

Innerhalb des Bruchteils einer Sekunde erreicht der Schreck, der mich durchfährt, meine Finger. Ich lasse das Handy auf den Boden fallen. Ungläubig betrachte ich dessen Rückseite. Es kostet mich Mühe, es wieder aufzuheben, umzudrehen und Elias erneut ins Gesicht zu schauen. Fast schäme ich mich, seine Worte zu wiederholen, als ob ich schon allein dadurch nackt vor ihm stünde. »Ganz ohne irgendwas, meinst du, also gar nichts mehr an?« Schrill und laut wird meine Stimme.

»Jetzt reg dich doch nicht so auf! Nicht komplett nackt, nur oben ohne. Da ist doch nichts dabei, wenn man sich so gut kennt. Oder … bist du dafür noch zu klein?«, versucht Elias einen Scherz, von dem ich nicht so schnell entscheiden kann, ob ich ihn lustig oder einfach nur bescheuert finde.

Doch Elias macht noch weiter. »Traust du dich etwa nicht?«, drängt er lachend.

»Ich … ich …« Ich weiß auch nicht. Mein Kopf ist mit lauter wirrem Zeug angefüllt, das sich so schnell nicht ordnen lässt, schon gar nicht zu einer passenden Antwort. Also übernimmt spontan mein rechter Zeigefinger und tippt auf »Auflegen«.

5 tipps

Das Chaos in meinem Kopf legt sich auch in den nächsten Tagen nicht, im Gegenteil: Es rutscht sogar noch ein Stück tiefer, ins Herz. Denn, klar, ich bin verwirrt, frage mich, was das jetzt soll, was mit Elias plötzlich los ist, aber vor allem tut es weh. Alles, was ich in mir trage, schmerzt, unsere gemeinsamen Erlebnisse, unser Lachen, die schönen Dinge, die er gesagt hat. Meine Gefühle für Elias wurden nach draußen gezerrt und liegen wund und verletzlich vor mir. Denn eines ist mir sofort klar gewesen: Was er da gesagt hat, war kein Scherz, keine Bitte, nein, es war eine Forderung, und Forderungen beginnen immer mit »wenn« und enden mit »dann«: Wenn du dich nicht vor mir ausziehst, dann war's das mit uns, mit unserer Freundschaft.

Freundschaft. Liegt hier die Antwort auf meine Frage,

warum sich Elias plötzlich so verhält? Ich googel den Begriff und komme als Erstes auf einen Artikel, der ihn mir so erklärt: »auf gegenseitiger Zuneigung beruhendes Verhältnis zueinander«. Ja, dann sind wir wohl Freunde, denn ich mag Elias. Sehr. Aber – wie ist es mit ihm? Ist das alles überhaupt wahr, was er zu mir gesagt hat, war sein Verhalten mir gegenüber ehrlich?

Ich scrolle weiter. Aha, da wird mir ein Video angeboten: »5 Tipps, wie du falsche von wahren Freunden unterscheiden kannst«. Das klingt nicht schlecht. Ich klicke es an:

1. *Tipp: Ein falscher Freund vergleicht dich immer mit anderen.*
Ich atme auf. Nein, das hat Elias nie gemacht.

2. *Tipp: Er redet immer nur über eigene Probleme und hört dir nie richtig zu.*
Sofort muss ich an Elias' nass geweinte Schulter denken, als ich ihm von dem ewigen Streit meiner Eltern erzählte. Nein, das scheidet ganz bestimmt aus.

3. *Tipp: Er kritisiert dich, nimmt Kritik jedoch nicht an.*
Haben wir jemals etwas falsch am anderen gefunden? Ich kann mich nicht erinnern.

4. Tipp: Dein »Freund« ist entweder offen und nett oder kalt und gleichgültig.
Nein, Elias war immer lieb und interessiert an mir.

5. Tipp: Dein Freund gibt immer dir die Schuld.
Für was hätte Elias mir je die Schuld gegeben? Im Gegenteil, er hat mir bei so vielen Dingen gesagt, dass ich doch nichts dafür könne.

Ich seufze. Das hilft mir jetzt nicht wirklich weiter. Höchstens kann ich mich darin bestätigt fühlen, dass Elias ein wirklicher Freund ist. Vielleicht … ist er sogar mehr als das? Bei diesem Gedanken meldet sich der Schmerz in mir zurück. Ich hoffe das so sehr! Doch dann sollte ich nicht riskieren, ihn zu verlieren. Und vielleicht bedeutet das, einen Vertrauensbeweis liefern zu müssen?

Ich feuere mein nutzloses Handy auf mein Bett und betrachte es eine Weile. Was, wenn es klingelt, bevor ich mich entschieden habe? Also stehe ich schnell auf und begrabe es unter einem riesigen Berg Kissen. Da soll es jetzt bleiben. Meinetwegen für immer.

»Sag mal, du antwortest ja gar nicht mehr auf meine Nachrichten!«, empfängt mich Kira am nächsten Morgen auf dem Schulhof. »Alles in Ordnung?«, fragt sie nach einem Blick in mein Gesicht.

»Klar, was soll sein?«, entgegne ich gereizt und gehe einfach weiter. Aber Kira lässt sich nicht abhängen. »Was ist denn bloß los mit dir?«

Ich beschleunige meine Schritte.

Jetzt bleibt Kira stehen. »Behandelt man so seine Freunde?«, ruft sie mir hinterher. »Übrigens, was du mit Nicki in letzter Zeit machst, finde ich echt scheiße.«

Beim Wort »Freunde« zucke ich zusammen. Ich kann Kira schon verstehen. Außerdem – kann sie mir vielleicht helfen? Schließlich kennt sie Elias schon viel länger als ich. Und als meine Freundin, als die sie sich eben selbst bezeichnet hat, sollte sie mir zumindest zuhören.

Also steuere ich auf eine kleine Mauer am Schulhofrand zu und setze mich. Erst wartet Kira mit in die Seiten gestemmten Armen ab, folgt dann aber meinem auffordernden Blick und kommt zu mir.

»Also?«, fragt sie und lässt sich neben mich fallen. Als ich nicht antworte, blickt sie mir forschend ins Gesicht. »Ist was mit deinen Eltern?«

»Nein, alles wie immer.«

»Mit Nicki?«

»Nö.«

»Mit Elias?«

Statt einer weiteren Antwort begnüge ich mich mit Rotwerden.

Kira stöhnt laut auf. »Elias hier, Elias da! Beschäftigst du dich auch noch mit irgendetwas anderem? Ruft er nicht mehr an, oder was?«

Ich gucke angestrengt geradeaus.

»Er wird sich schon wieder bei dir melden! Falls Ben und Matthis ihm mal freigeben«, fügt Kira ein wenig spitz hinzu.

»Das ist es nicht. Im Gegenteil. Er hat sich gemeldet«, widerspreche ich leise.

»Aha«, meint Kira überrascht. »Und wo ist dann das Problem? Was willst du denn noch?«

Es dauert etwas, bis es mir gelingt, den nächsten Satz auszusprechen. »*Er* will etwas.«

Erst schweigt Kira eine Weile. Dann dreht sie sich langsam zu mir um, die Augen weit aufgerissen: »Und *was* will er?«

Weiterzureden kostet mich mit einem Mal so viel Anstrengung wie das Hochklettern am Tau im Sportunterricht. »Ich … ich soll mich ausziehen … Obenrum, meine ich. Er will mich oben ohne sehen. Aber du darfst es niemandem sagen. Er will mich doch nur besser kennenlernen«, schließe ich verzweifelt.

»Sag mal, hast du sie noch alle?« Kira packt nicht

gerade zart meinen Kopf und dreht ihn mit einem Ruck zu sich herum. »Du denkst doch wohl nicht ernsthaft darüber nach, oder etwa doch?« Nach einem Blick in meine Augen, die ich leider nicht schnell genug senke, lässt sie meinen Kopf so schnell los, als hätte sie sich an ihm verbrannt, und rauft sich selbst klirrend die Haare. »Ich fasse es nicht!«

»Er meint das nicht böse. Du kennst ihn eben nicht«, versuche ich eine lahme Erklärung. Ja, genau so ist es, rede ich mir selbst gut zu. Oder weiß Kira etwa von seinem Kuschelhasen, von seinem Traum, einmal zu den Nordlichtern zu reisen? Nein, keine Ahnung hat sie. Also kann sie das auch nicht verstehen. Hätte ich sie mal lieber gar nicht erst gefragt.

Aber es ist zu spät, Kira ist nicht mehr aufzuhalten. »Der verarscht dich doch, merkst du das denn nicht? Der und Ben und Matthis, die haben sich das garantiert zusammen ausgedacht! Lass dich bloß nicht bequatschen, hörst du?«

Kira schimpft und klirrt so laut wie früher, als sie neu in der Klasse war. So kann man mit ihr nicht vernünftig reden. Darauf habe ich keine Lust mehr, und eine Hilfe ist es mir auch nicht. Für einen Moment weicht der Schmerz und macht der Wut Platz. Vielleicht sollte ich mal *unsere* Freundschaft anhand dieser 5 Tipps überprüfen?

Kiras beschwörende Rufe hallen noch lange in mir nach, als ich schon längst den Schulhof verlassen habe: »Mach das nicht, hörst du, Amelie? Mach das bloß nicht!«

Die Dunkelheit naht. Ich sitze ganz still da und beobachte, wie sich die Dämmerung draußen vor dem Fenster erst zaghaft andeutet und sich schließlich immer fordernder ausbreitet. Ich gebe mir einen Ruck, stehe auf und schließe meine Zimmertür ab. Dann gehe ich zum Schrank und öffne ihn.

Schon länger habe ich das Mädchen im Spiegel nicht mehr getroffen, richtig fremd ist es mir geworden. Aber heute habe ich das Gefühl, dass es mir helfen kann.

Es ist nicht ganz nackt, sondern nur oben. Ich betrachte es. Aber es sind nicht meine Augen, die das tun, sondern fremde. Diese runden Schultern, der kleine Busen, der speckige Bauch – wie wirkt das? Ist das ein kleines Mädchen oder eine junge Frau, anziehend oder – lächerlich? Wie sieht ein Junge einen solchen Körper? Wie findet er ihn? Bei dem Gedanken daran, von einem Jungen beurteilt zu werden, schaut mich das Mädchen entsetzt an und hält seine Hände schützend vor die Brust.

Da fällt mir mein rosafarbenes Spaghetti-Top ein, das ich mir vor Kurzem gekauft habe. Ich wühle kurz im

Stapel, ziehe es heraus und streife es mir über. Schon besser, aber noch nicht genug. Also schnappe ich mir eins von Papas Hemden, das griffbereit auf dem Stuhl liegt, und schlüpfe hinein. Erleichtert atmet das Mädchen auf. Vielleicht ist das die beste Lösung: Durch den Stoff verborgen und geschützt sein, aber wissen, dass man darunter ganz gut aussieht.

In diesem Moment klingelt mein Laptop, mein LAPTOP, nicht mein Handy! Jemand ruft mich per Skype an. Das kann nur einer sein und das kann nur einen Grund haben.

So heftig knalle ich die Schranktür zu, dass ich einen Moment fürchte, der Spiegel könne herunterfallen. Ich will zum Schreibtisch stürzen, stolpere in meiner Hast aber über meine auf dem Boden abgestellte Schultasche und stoße mir das Knie schmerzhaft am Stuhl. Mist, inzwischen ist es fast ganz dunkel geworden. Ich drehe noch mal um, hechte zum Schalter neben der Zimmertür und mache das Licht an. Dann laufe ich zurück zum Stuhl, und noch während ich mich darauf fallen lasse, öffne ich meinen Laptop. Es ist genau, wie ich es gedacht habe. Ein mir nur allzu bekanntes Profilbild erscheint, versehen mit einer Nachricht, die mich eigentlich überglücklich machen würde, mir aber heute wie eine Warnung vorkommt: Elias ruft an.

»Hallo, Amelie«, begrüßt er mich erleichtert. »Ich hatte schon Angst, dass du gar nicht rangehst.« Und als ich nichts darauf antworte, fügt er überflüssigerweise hinzu: »Nach dem, was letztens war, meine ich.«

»Ja«, antworte ich einsilbig und irgendwie nicht sehr schlau. Aber dann fällt mir auf, dass er das vielleicht falsch verstehen könnte. »Nein!«, füge ich also hastig hinzu.

Elias lacht und schüttelt den Kopf. »Ach, Amelie!« Dann beginnt er wie immer zu erzählen, von seinem neuen Nachhilfelehrer, den ausgefallenen Boxstunden und von was-weiß-ich-denn-noch. Normalerweise kommt mir jedes seiner Worte wie ein kostbarer Schatz vor, den ich bewahren muss, aber heute höre ich gar nicht richtig hin, und auch Elias scheint sich selbst immer weniger für das zu interessieren, was er da von sich gibt. Seine Stimme ist nur die Geräuschkulisse für das, was sich eigentlich abspielt: Wir umkreisen uns wie zwei Wölfe kurz vor dem Angriff. Werden wir miteinander kämpfen oder wird sich einer schon vorher unterwerfen?

Mittlerweile hat Elias aufgehört zu sprechen. Aber dann kommt sie, die gefürchtete Frage: »Hast du es dir überlegt?«

Angriff.

Ich atme tief durch. Eben noch war ich wild entschlossen gewesen, das nicht zu machen, es Elias zu erklären, ihm vielleicht sogar ganz klar zu sagen: Nein, natürlich mache ich das nicht, und was soll das auch, wirkliche Freunde verlangen so etwas nicht voneinander. Aber jetzt, wo ich Elias gegenübersitze, ist alles plötzlich ganz anders. Es ist so schön mit ihm, trotz allem, und so soll es bleiben, nicht aufhören, wie konnte ich nur je an ihm zweifeln, so kindisch alles aufs Spiel setzen, wegen einer solchen Kleinigkeit? Schließlich hat er nicht vorgeschlagen, mich an einen fahrenden Zug zu binden, also was soll's?

»Ja, klar, kein Problem«, sage ich und bemühe mich, meiner Stimme einen festen, fast leichten Ton zu geben.

Unterwerfung.

Elias räuspert sich. »Das ist toll, wirklich toll, Amelie!«

Er redet noch weiter, doch mehr bekomme ich nicht mit, denn meine Finger wollen es möglichst schnell hinter sich bringen. Der oberste Hemdknopf wird geöffnet, dann der darunterliegende. Mein Blick richtet sich zum Fenster und fällt hinaus in die Dunkelheit. Sollen die Finger doch machen, was sie wollen.

Mein Hemd ist jetzt offen. Einen winzig kleinen Moment unterbrechen meine Hände ihre Arbeit, aber dann versuchen sie endgültig, es auszuziehen. Es geht nicht, vielleicht ist doch noch ein letzter Knopf geschlossen, jetzt müsste es klappen, trotzdem hakt es noch, die Hände ziehen und zerren ungeschickt, dann liegen meine Schultern frei und das Hemd gleitet zu Boden. Ich sitze im Top da, von dem sich ein Träger bereits gelöst hat.

Kalt ist es. Das Licht ist grell. Ich höre Elias atmen. Tausend Augen tasten meinen Körper ab, sie kommen von allen Seiten. Die Kälte weicht einer heißen Welle, die mich durchflutet. Mein Top spüre ich nicht mehr, ich bestehe nur noch aus nackter, brennender Haut, die mir nicht mehr gehört und nicht länger ein Teil von mir ist. Gehäutet habe ich mich, wie eine Schlange, nur dass ich die tote Hülle nicht abstreifen kann, sondern sie weitertragen muss. Doch ich habe sie freigegeben, verstoßen, überlasse sie schutzlos ihrem Schicksal, auch wenn das bedeutet, Verletzungen zu riskieren, die, obwohl unsichtbar, dennoch tiefe Narben hinterlassen werden. Zusammengesunken sitze ich da, lasse alles geschehen, hoffe nur, dass die Zeit ein Einsehen hat und schneller verstreicht als sonst.

»Alles gut, Amelie«, flüstert Elias schließlich heiser. »Das reicht. Für heute.«

Noch bevor ich meinen Laptop schließe, lösche ich das Licht.

gegner überall

Ein Glas Milch kann dein Feind sein.

Böse starre ich die weiße Flüssigkeit an, dann mache ich mir an meinem Brot zu schaffen. Es ist viel zu hart und zu trocken, außerdem ist das Messer ganz stumpf. Ich prügle eher auf die Scheibe ein, als dass ich sie schneide, und dabei fließt auch noch der gesamte Honig daneben. Jetzt ist alles verschmiert, meine Hände kleben, so ein Mist, so kann doch kein Mensch frühstücken.

Ich versetze meinem Teller einen so heftigen Stoß, dass er quer über den Tisch schlittert und nur noch von einem im Weg stehenden Marmeladenglas daran gehindert wird, auf der anderen Seite herunterzufallen. Wäre er doch nur, der Krach und die Scherben hätten mir gutgetan.

In mir tobt es, unterschiedliche Gefühle kämpfen um die Vorherrschaft. Schlecht fühle ich mich und gleichzeitig hilflos, als wäre ich in einer Schlammpfütze ausgerutscht und von oben bis unten mit Dreck bespritzt, der sich aber nicht mehr abwaschen lässt, sondern zu einer harten Kruste geworden ist. Fremd bin ich mir geworden, ich fühle mich mit einem bösen Bann belegt, der mich wie eine Marionette an unsichtbaren Fäden führt und von dem ich nicht weiß, wie ich ihn brechen kann. Ständig ist mir übel, für Essen ist kaum Platz in meinem Bauch, der erst mit abgrundtiefer Scham, inzwischen aber mit unbändiger Wut angefüllt ist.

Ich verstehe das alles einfach nicht! Was soll das? Wie oft habe ich mir in den letzten Tagen vorgenommen, mit Elias zu reden! Aber sobald ich durch das Schultor ging, spürte ich schon, wie mich der Mut so schnell verließ wie Ameisen ein unter Wasser gesetztes Nest. Nicht einmal mehr zuwinken konnte ich Elias, selbst wenn er mich fröhlich grüßte! Schnell drehte ich mich jedes Mal weg, auch um Bens und Matthis' dauerndem Grinsen zu entgehen, das mir das merkwürdige Gefühl gab, wir hätten zu viert und nicht zu zweit geskypt.

»Mensch, Amelie! Kannst du nicht aufpassen?«

Erst jetzt bemerke ich, dass das Marmeladenglas den Teller zwar gestoppt hat, dadurch aber selbst bis zur Tischkante gerutscht und gegen Papas weißes Hemd gestoßen ist. Das zeigt jetzt einen großen roten Fleck.

Papa stürzt zur Spüle, hält einen Lappen unter Wasser und beginnt hektisch am Bauch herumzureiben. »Jetzt guck mal, was du gemacht hast! Ich muss doch gleich los!« Er schaut auf und mustert mich überrascht. »Aber deswegen musst du doch nicht gleich weinen!«

Mache ich das? Quatsch. Ich greife mir schnell eine Serviette und wische mir übers Gesicht.

Papa setzt sich wieder an den Tisch. Sein feines Hemd, auch wenn es jetzt eine große nasse Stelle aufweist, passt gar nicht zum Kopf, der oben herauslugt: Ganz verwuschelt sind seine Haare, sein Gesicht ist unrasiert und irgendwie noch nicht vollständig entknittert. Er sieht so aus, als sei er direkt aus dem Bett in sein Hemd gesprungen.

Kein Wunder, wenn es mit Mama nicht mehr so läuft.

»Was ist eigentlich mit dir los, Amelie? Ist irgendetwas? Du bist so komisch in letzter Zeit.«

Ich stöhne laut auf. Was ich am frühen Morgen gar nicht gebrauchen kann, ist eine Diskussion nach der Art »Mir kannst du doch alles sagen«.

»Mir kannst du doch alles sagen.« Mit einem bescheuerten Grinsen guckt mich Papa an.

»Da ist aber nichts«, entgegne ich heftig. »Alles gut.« Abwehrend hebe ich die Hände.

»Wirklich?« Jetzt setzt er seinen Dackelblick auf, wie immer, wenn er nicht mehr weiterweiß.

»Ja, verdammt, sag ich doch.« Irgendwie tut mir Papa leid, doch trotzdem füge ich bissig hinzu: »Und selbst wenn, wärst du bestimmt der Letzte, dem ich es erzählen würde.«

Das hat gesessen. Papa weicht ruckartig zurück, als hätte ich ihm eine Ohrfeige gegeben. »Amelie!«

Amelie, Amelie! Amelie fühlt sich gerade so, als wäre sie in der Schlammpfütze nicht nur ausgerutscht, sondern würde sich auch noch ausgiebig darin herumsuhlen.

»Wie redest du denn mit deinem Vater!« Mama trippelt die Treppe herunter, wie immer aufgedonnert, als würde sie nicht ins Büro, sondern zu einem Opernball gehen.

Ist das zu glauben? Jetzt verbünden sich die beiden auch noch? Diese beiden, die sich seit Monaten in den Haaren liegen, nur noch herumstreiten, jedes normale Familienleben unmöglich machen? Ein echtes Dreamteam sind sie, ganz große Vorbilder!

»Du hast es gerade nötig!«, gifte ich zurück.

Mama, die sich an der Kaffeemaschine zu schaffen macht, dreht sich zu mir um. »Wie meinst du das, Fräulein?«

Das kann dir das Fräulein ganz genau sagen. »Wenigstens rede ich noch mit Papa«, beginne ich in einem gekünstelt sanften Ton, um dann aber lauter und lauter zu werden, »anstatt ihn entweder nur links liegen zu lassen oder lauthals anzuschreien!« Das letzte Wort brülle ich heraus, das passt ja auch besser.

»Amelie!« Das kommt sekundengenau aus beiden Mündern gleichzeitig, wobei Papa noch entsetzt aufspringt, dabei vor den Tisch stößt und die Marmelade wieder einmal in Bewegung versetzt.

»Amelie!«, äffe ich die beiden nach. »Ja, so heiße ich! Den Namen habt ihr mir ja gegeben, wenn ich mich nicht irre. Ein ganz blöder Name übrigens!« Wütend greife ich nach meinem Glas und stürze die Milch in einem Zug herunter. Sie schmeckt scheußlich.

Papa starrt mich nur noch an, entsetzt, wütend, traurig. Mama aber wendet sich kopfschüttelnd mit den Worten ab: »Mit dir kann man ja nicht reden. Aber ich muss jetzt sowieso gehen.« Dann höre ich nur noch das Schlagen der Haustür.

Papa tritt zu mir und streicht mir übers Haar. Ich schlucke und greife wieder nach meiner Serviette.

»Ich muss auch zur Arbeit. Wir reden heute Abend in Ruhe, ja?« Einen Moment bleibt er stehen und wartet ab. Als ich aber nur mit den Achseln zucke, höre ich, dass auch er sich umdreht und durch die Haustür verschwindet.

Ich bleibe einfach so sitzen, reglos, verschwende keinen Blick auf die große Küchenuhr. Da klingelt es energisch. Oh Mann, wer von beiden hat wohl wieder mal was vergessen?

Genervt stampfe ich zur Tür und reiße sie auf. Dort stehen Kira und Nicki.

»Was wollt ihr denn hier?«, entfährt es mir verblüfft; die beiden haben mich morgens noch nie abgeholt! Und überhaupt, seit wann treten sie als Duo auf? Das nächste Traumpaar, davon haben wir heute Morgen ja reichlich! »Ich kann schon allein zur Schule gehen«, blaffe ich die beiden an.

»Was du nicht sagst«, antwortet Kira ungerührt, öffnet die Tür ganz und schiebt sich einfach an mir vorbei ins Haus. »Wir wollen aber vorher mit dir reden.«

Nicki sieht mich nur schweigend an und geht Kira dann hinterher.

Notgedrungen folge ich den beiden ins Wohnzimmer.

»Habt ihr kein Nutella?«, fragt Kira, während sie sich einfach an den Frühstückstisch setzt. Nicki bleibt unschlüssig und mit gesenktem Kopf stehen.

»Nein, haben wir nicht.« Ich nehme Kira den Teller, den sie sich schon herangezogen hat, wieder weg. »Sorry, wenn ich für die Herrschaften noch nicht eingekauft und gedeckt habe!«

»Jetzt komm mal wieder runter!«, erwidert Kira barsch. Nicki bohrt seine Schuhspitze in unseren nicht vorhandenen Teppich.

»Bist du plötzlich stumm geworden oder was ist mit dir los?«, fahre ich meinen alten Freund an. Der hebt nur kurz den Kopf und wirft mir einen traurigen Blick zu.

»Amelie, es reicht! Setz dich und hör zu!«

Also bitte, wenn es sein muss. Ich setze mich, gucke jetzt aber demonstrativ auf die große Wanduhr. »Na schön, wenn es nicht zu lange dauert …«

»Es geht um die Sache mit Elias, von der du mir erzählt hast«, ergreift Kira wieder das Wort.

Ich beuge mich vor und zische: »Ja, genau, von der ich DIR erzählt habe!«

»Amelie«, kommt es gequält von Nicki.

»Nicki ist dein ältester und allerbester Freund, und natürlich habe ich es ihm gesagt!« Jetzt beugt sich auch Kira vor und sieht mich drohend an. »Und du tust gut daran, uns beiden zuzuhören!« Sie sieht Nicki auffordernd an.

Der räuspert sich verlegen. »Amelie, mach das bloß nicht! Ich weiß nicht, warum Elias das von dir verlangt, aber es ist nicht richtig, das weiß ich! Ich würde das nie …«

»Du bist ja auch nicht Elias«, stelle ich eisig fest. »Und du wirst auch nie wie er sein.«

»Schluss jetzt!« Kira haut mit der Faust auf den Tisch, worauf ein lautes Klirren zu hören ist. Die Marmelade hat es heute wirklich nicht leicht. »Wenn du das machst, bist du saublöd, dann kann dir keiner mehr helfen! Das ist bestimmt auf dem Mist von Ben und Matthis gewachsen, merkst du das denn nicht? Die lachen sich doch kaputt über die kleine Amelie, die bereit ist, alles für ihren großen Helden zu tun. Und wer weiß, was sie noch alles vorhaben!«

Meine Hand krampft sich um mein Messer, das noch auf dem Tisch liegt. »Die kleine Amelie«, das tut weh.

»Amelie, sie hat absolut recht!« Nicki sieht mich flehend an. »Der Typ ist doch einfach ein Ar…«

»Jetzt reicht's mir aber!«, brülle ich und springe auf. »Was ist euer Problem? Bist du, Nicki, vielleicht neidisch, weil Elias eben nicht mehr der kleine Junge ist, der ›lieber lustig labert‹, sondern einfach erwachsen ist? Und du«, wende ich mich an Kira, »möchtest vielleicht lieber selbst mit dem ›großen Elias‹ zusammen sein?

Denn so viele Freunde hast du ja nicht, oder irre ich mich da?« Kira starrt mich sprachlos an, aber ich bin jetzt nicht mehr zu stoppen. »Ihr glaubt wohl, so ein Typ wie Elias würde nie mit einer wie mir befreundet sein wollen? Und wenn, dann nur, um mich auszunutzen? Da habt ihr euch aber gründlich geirrt, das kann ich euch sagen, denn Elias ist nicht so. Ihr kennt ihn nicht so wie ich. Und ich bin kein Baby mehr, ich weiß schon, was ich tue! Gott sei Dank kann ich echte von falschen Freunden unterscheiden, also«, ich hebe energisch den Arm und zeige zur Haustür, »raus hier! Alle beide!«

Kira und Nicki sehen mich erschrocken und ungläubig an. Kira fasst sich als Erste, steht auf, packt Nicki am Arm und schleift ihn zur Tür. »Komm, Nicki, das hat keinen Zweck«, schnaubt sie. Das Letzte, was ich von ihr sehe, ist ihr steil in die Höhe gereckter Mittelfinger. Dann sind beide verschwunden.

Ich stürme die Treppe hoch in mein Zimmer. Obwohl niemand mehr im Haus ist, knalle ich die Tür laut zu und schließe sie ab. Zur Schule gehe ich heute bestimmt nicht mehr. Ich werde in meinem Zimmer bleiben, den ganzen Tag. Denn es stimmt leider nicht, was ich zu Kira und Nicki gesagt habe: Ich weiß noch überhaupt nicht, was ich tun werde.

einsame entscheidung

»Möchtest du heute den roten oder den blauen Regenmantel anziehen?«, fragte Mama mich früher, wenn das Wetter schlecht war.

»Soll ich dir einen Apfel oder eine Banane schneiden?«, bot sie mir als Nachmittagssnack an.

»Aus welchem dieser drei Bilderbücher soll ich dir vorlesen?«, fragte sie mich vor dem Schlafengehen.

Das waren die »Entscheidungen« meiner Kindheit: Mama wählte mehrere Möglichkeiten aus, die auf jeden Fall *alle* passten, sodass es eigentlich ganz egal war, welche ich wählte. Aber sie gab mir damit das wichtige Gefühl, mitzubestimmen; wahrscheinlich hatte sie das in einem ihrer zahlreichen pädagogischen Ratgeber gelesen. Gleichgültig, wofür ich mich entschied, sie war damit immer auf der sicheren Seite. Und ich auch.

Das hat sich geändert. Als ich mich jetzt in meinem Zimmer einschließe, wird mir das mit einem Mal schmerzhaft bewusst, denn hier ist NIEMAND. Keinen, den ich fragen kann oder der mir Möglichkeiten zur Auswahl anbietet, nicht Mama, nicht Papa, und Nicki oder Kira schon mal gar nicht. Vielleicht ist es das, was alle immer so bedeutungsschwer »erwachsen werden« nennen: dass du deine Entscheidungen plötzlich allein treffen musst, du gezwungen wirst etwas zu wählen, von dem du nicht weißt, ob es das Richtige ist und dir guttun wird oder dich vielleicht sogar in den Abgrund reißt.

Ich lehne mich an die geschlossene Tür und gucke verzweifelt durchs Zimmer, als könnte ich vielleicht doch noch jemanden entdecken. Da fällt mein Blick auf den Schrank. Kurz zögere ich, doch dann öffne ich ihn behutsam und hocke mich auf den Boden vor den Spiegel.

Kreuzunglücklich betrachte ich das kreuzunglückliche Gesicht des Mädchens. Und da verstehe ich: Das bin ja ich! Natürlich war mir das schon immer irgendwie klar, aber jetzt *spüre* ich es! Als bräuchte ich doch noch einen Beweis, bewege ich mich hin und her, kneife mir in die Wange, ziehe Grimassen und beobachte dabei, wie alle Bewegungen originalgetreu mitgemacht werden. Ja, dieses Mädchen im Spiegel bin ich, ich sehe aus wie sie, und was sie fühlt, fühle ich, was ich ihr antue, tue ich mir an. Deswegen muss ich vorsichtig umgehen mit uns, mit mir. Genau überlegen muss ich, denn meine Entscheidung wird Folgen haben, und zwar ganz allein für mich und für niemanden sonst.

Jetzt endlich weiß ich, was ich tun werde. Viele Alternativen habe ich nicht, und ob diejenige, die ich jetzt wähle, die richtige ist, kann ich nicht wissen.

Aber ich muss es riskieren.

oben ohne

Ich bin so weit. Es ist Zeit, meine Entscheidung in die Tat umzusetzen. Noch einmal atme ich tief durch, nehme dann mein Handy und tippe den Kontakt an. Als hätte er die ganze Zeit auf meinen Anruf gewartet, meldet sich Elias im Bruchteil einer Sekunde.

»Hallo, Amelie! Schön, von dir zu hören!«

»Ja.« Mehr fällt mir dazu nicht ein.

Elias wartet einen Moment. »Und, äh, hast du es dir überlegt?«

Ja, habe ich. Aber dennoch wünsche ich aus ganzem Herzen, dass ich es nicht tun muss. »Du verlangst das also immer noch?«, frage ich nach.

»Nein«, wehrt Elias schnell ab, »ich verlange das doch nicht. Es ist doch nur … also, ich kann dir das erklären …«

Umso besser. Ich warte ab und schaue Elias an, der verlegen lacht, sich an der Nase kratzt, hustet. Es kommt aber keine Erklärung, er hat wohl selbst keine. Also muss es sein.

»Hör zu, Elias«, übernehme ich entschlossen das Gespräch. »Ich habe mich tatsächlich entschieden, gestern schon. Den ganzen Tag habe ich dazu gebraucht, allein in meinem Zimmer. Aber jetzt weiß ich, dass ich mich wie ein Baby verhalten habe.«

»Ach ja?« Elias wirkt ehrlich verblüfft.

»Ja, und das tut mir so leid! Ich meine, was ist schon dabei? Jeder und jede zieht sich mal aus, alle machen das im gesamten Netz, und wir kennen uns doch schon so gut, und außerdem«, bei diesen Worten halte ich mir mein Handy ganz nah ans Gesicht, als könnte ich ihm so besser in die Augen schauen, »vertraue ich dir.«

Elias kratzt sich noch heftiger an der Nase. »Du ... du machst es also?«

Ich nicke. »Ja, ich mache es.«

Plötzlich wackelt das Bild und Elias verschwindet. Dann taucht er wieder auf, mit hochrotem Kopf. »Sorry, ich habe aus Versehen das Handy fallen lassen. Sollen wir auf Skype wechseln?«, schlägt er fast schüchtern vor.

»Nein«, antworte ich entschieden. »Ich mache es, aber nicht so wie beim letzten Mal.« Ich schaudere bei der

Erinnerung daran, wie vor laufender Kamera das schützende Hemd von meinen Schultern geglitten ist.

»Sondern?« Elias ist sichtlich verwirrt.

»Ich schicke dir ein Foto von mir. Jetzt gleich.«

»Du meinst, ein Oben-ohne-Bild?«

»Klar, was denn sonst?«, entgegne ich scharf.

»Okay, alles gut, das ist natürlich auch in Ordnung«, beeilt sich Elias zu beschwichtigen.

»Gut. Also bis gleich.« Ich beende den Anruf und öffne meine Galerie. Zahlreiche Fotos habe ich gestern von mir gemacht, in ganz verschiedenen Posen mit unterschiedlicher Beleuchtung. Hektisch klicke ich eines nach dem anderen an, ziehe es größer. Welches hatte ich denn noch mal ausgesucht? War es dieses? Ich mustere meine Haare, mein Gesicht, den nackten Busen und Bauch. Ja, genau das nehme ich. Ich tippe auf »Teilen«.

Plötzlich verlässt mich meine gerade erst gewonnene Entschlossenheit und mein ganzer Körper beginnt zu zittern, mein Herz mischt sich ungefragt mit stolperndem Rhythmus ein, und mein Finger schwebt unschlüssig über »Senden«. Was soll das denn jetzt, ich habe es mir doch tausendmal überlegt?! Aber etwas in Gedanken durchzuspielen und es dann auch wirklich zu machen ist eben etwas komplett anderes. Wenn ich das jetzt tue, war's das, dann kann ich es nicht mehr zurücknehmen.

»Das Internet vergisst nie!« Wie oft schon habe ich diesen Satz gehört!

Der Finger gibt den Widerstand auf und sendet. Fast im selben Moment verkünden mir die blauen Häkchen, dass Elias das Bild nicht nur empfangen, sondern auch schon gesehen hat.

Ich starre auf das Handy und erwarte ergeben mein Urteil. Es dauert. Warum braucht er so lang? Endlich kommt es in Form einer schriftlichen Nachricht.

»Danke! Du siehst wirklich super aus. Jetzt muss ich leider los, du weißt schon, Nachhilfe. Bis dann!«

Mit weit aufgerissenen Augen starre ich weiter auf mein Handy, fassungslos. Das soll bitte schön alles gewesen sein? Ich schicke Elias ein Oben-ohne-Bild, zeige ihm alles von mir, meinen Busen, meine Seele, mein Herz, und er muss zur »du weißt schon, Nachhilfe«? Ich überlege gerade, ob es wohl eine gute Idee wäre, das Handy einfach an die Wand zu pfeffern, als mir ein leichtes »Pling« verkündet, dass doch noch eine weitere Nachricht eintrifft, tatsächlich wieder von ihm. Na also, dann ist ihm wohl selbst aufgefallen, dass seine Antwort ein bisschen zu spärlich ausfiel.

Aber ich täusche mich. Denn das Display zeigt nur einen nach oben gereckten Daumen.

sehr persönlich

Ein Neutronenbombenangriff wäre jetzt gut. Ein Erdbeben geht aber auch, oder ein Hurrikan. Hauptsache,
die Welt wird in Schutt und Asche gelegt und nichts
bleibt mehr von ihr übrig. Denn dann muss ich nicht
zur Schule gehen.

Ich ziehe mir die Decke über den Kopf und versuche
so, dem Klingeln des Weckers zu entgehen. Dabei kann
ich es mir eigentlich nicht leisten, die Schule heute zu
schwänzen, schon vorgestern gab es einen Riesenärger.
Da höre ich Schritte. Aha, der Riesenärger kommt die
Treppe hoch.

Die Tür geht auf und Mama steckt den Kopf herein.
»Wie sieht's aus, gehen wir heute mal zur Schule?«, fragt
sie bissig.

Wieso »wir«? Kommt sie etwa mit? Am liebsten würde ich es Kira nachtun und ihr meinen Mittelfinger zeigen, aber das traue ich mich dann doch nicht.

Kurze Zeit später mache ich mich gezwungenermaßen auf den Weg. Schon beim Verlassen des Hauses wird mir ganz schwindlig und ich muss mich einen Moment an der Mülltonne festhalten. Kein Wunder, denn heute Nacht habe ich nicht gerade gut geschlafen. Immer wieder bin ich hochgeschreckt, Gesprächsfetzen schwirrten laut in meinem Kopf umher: ... der verarscht dich doch ... die lachen doch über dich ... wer weiß, was sie noch vorhaben ...

Quatsch, alles Quatsch, geh einfach weiter, Amelie. Aber je weiter ich gehe, desto schwerer fällt es mir, einen Fuß vor den anderen zu setzen. Der Boden schwankt, ich finde nur mühsam Halt, mein Kopf beginnt zu schmerzen. Obwohl ich überhaupt nicht weiß, was mich in der Schule erwartet, habe ich einfach eine Scheißangst.

Wenn ich überhaupt noch ankommen will, muss ich mich selbst überlisten: Ich werde mir einfach vorstellen, dass ich wieder zur Grundschule gehe! Denn die liegt genau neben unserem Gymnasium, es ist also genau derselbe Weg, den ich schon hundertmal gegangen bin. Also los! Ich bin klein und gehe zur Schule, um gleich bei meiner lieben Klassenlehrerin Frau Honig etwas Schönes zu basteln und überhaupt einen tollen Tag zu haben!

Tatsächlich glaube ich mir und komme gut voran. Ich summe sogar vor mich hin und hüpfe beim Gehen den Bordstein hoch und runter. Es fehlt nur noch der rappelnde Schulranzen auf meinem Rücken. Aber leider endet die Illusion mit dem Weg: Als ich schließlich vor dem Tor der Grundschule stehe, muss ich einsehen, dass jetzt Schluss mit lustig ist und ich hier nichts mehr verloren habe. Also drehe ich ab und gehe auf die richtige Schule zu, wobei sich mein Schwindel energisch zurückmeldet.

Hastig trete ich durch das Tor und steuere die ungefähre Richtung zu dem Gebäude an, in dem mein Klassenzimmer liegt. Jetzt muss ich nur den Schulhof überqueren und dann habe ich es hinter mir.

Aber genau das erweist sich als unmöglich.

Schon nach wenigen Schritten höre ich lautes Gelächter. Das wird schon nicht dir gelten, Amelie, du musst doch nicht immer alles gleich auf dich beziehen, beruhige ich mich selbst. Ganz kurz schaue ich auf, aber was ich sehe, gefällt mir ganz und gar nicht: Dahinten steht Elias mit Ben und Matthis und noch anderen Jungs aus seinem Jahrgang. Ein Handy geht reihum und die Meute lacht, prustet, johlt, viele gucken dabei zu mir herüber. Jetzt setzt sich Ben in Bewegung und kommt zu mir. WARUM ZUM TEUFEL KOMMT BEN ZU MIR???

»Hi, Amelie«, begrüßt er mich mit einem Grinsen, das sein Gesicht beträchtlich, aber nicht sehr freundlich in die Breite zieht.

Bevor ich noch etwas erwidern kann, ist es endgültig vorbei mit allen Illusionen, Täuschungen, dem Selbstbetrug, der Hoffnung.

»Alle Achtung, nicht schlecht, was du da in der Bluse hast! Hätte ich gar nicht gedacht, dass sich unter deinen Papi-Hemden so viel versteckt.«

Der Schock der Gewissheit trifft mich wie ein elektrischer Schlag. Er durchläuft mich von oben nach unten, lässt mich erstarren, nimmt mir den Atem und jede Möglichkeit, etwas zu erwidern. Aus und vorbei, alles ist zu Ende.

Für mich, aber nicht für Ben.

»Na ja, ein bisschen wenig ist es schon, aber das kann ja noch werden. Wir beide sollten jedenfalls in Kontakt bleiben und uns mal treffen, in ein paar Jahren, meine ich. Dann hätte ich schon Interesse.«

Aus der Schlammpfütze ist eine tiefe Grube mit bestialisch stinkender Schweinejauche geworden. Ich stehe einfach nur da, versuche gar nicht, mich zu bewegen, um bloß nicht zu merken, dass ich da bin, dass es mich überhaupt gibt.

Da höre ich Schritte.

»Hör auf mit dem Quatsch, Ben, lass sie in Ruhe.«

Elias. Während sich Ben grinsend entfernt, beginnen meine weit aufgerissenen Augen zu brennen. Ich blinzle Elias an. Gern würde ich etwas zu ihm sagen, aber meine Sprache hat sich in die tiefsten Tiefen meines Inneren zurückgezogen und weigert sich, herauszukommen.

Er steht vor mir, ganz dicht. Ich spüre ihn. Trotz allem fällt mir voller Erstaunen auf, dass wir uns zum ersten Mal persönlich gegenüberstehen: Ich fühle seinen Atem auf der Haut, sehe sein Gesicht aus echter Nähe. Er hat einen kleinen Pickel auf der Nase, und seine Lippen, über denen sich einige dunkle Härchen befinden, sind trocken und schuppig. Ein wenig kleiner, als ich dachte, ist er auch, vielleicht auch nicht ganz so breit. Aber er sieht immer noch ziemlich gut aus, leider.

Vielleicht haben Tränen ja nicht die Aufgabe, unseren Kummer auszudrücken, vielleicht dienen sie eher dazu, das klare Bild unseres Gegenübers zu verwischen, damit wir weiter in unseren Träumen und Wünschen leben können.

»Hey, nicht weinen«, murmelt Elias verlegen und guckt sich unsicher um. »Das ist doch alles nur ein kleiner Spaß, mehr nicht. Außerdem musst du dich doch nicht verstecken, du siehst super aus! Das alles ist auch gar nicht so ernst gemeint, die Jungs sind eben so. Sorry, tut

mir echt leid, nimm's einfach nicht persönlich, okay?«
Einen Moment wartet er, doch als ich nicht antworte,
dreht er sich um und geht zu den anderen zurück.

Anstatt mir mit dreckigen Flüchen, wilden Drohun-
gen und wüsten Beschimpfungen zu helfen, rutscht
meine Fähigkeit zu sprechen noch ein ganzes Stockwerk
tiefer. Schwer wie ein Stein lastet sie in mir, drückt meine Füße tief in den Boden, und nur mit großer Mühe
schaffe ich es, loszugehen und das Schulgebäude endgültig anzusteuern. Ein ganz spezieller Ort lockt mich
und gibt mir die Kraft dazu, der einzige Ort auf dieser
Welt, an dem ich mich jetzt aufhalten will.

Ich kämpfe mich über den Schulhof. Jetzt ist nicht nur
Gelächter aus der Ecke von Elias und den übrigen Jungs
zu hören, sondern auch aus allen anderen Richtungen.
Ein vorsichtiger Blick bestätigt mir, dass immer mehr
Schüler anderen ihre Handys zeigen und damit für unfassbar gute Laune sorgen. Wie eine sich ausbreitende
Welle pflanzt sich das Lachen über den gesamten Schulhof fort und versprengt sich bis in die hintersten Ecken
zu einzelnem Glucksen und Gackern. Bald starren alle
entweder ihre Handys an oder mich. Ich gehe schneller,
doch wie in einem Albtraum scheint das Haus immer
weiter wegzurücken, je näher ich ihm komme.

»Amelie, warte!«

Im Laufen drehe ich mich um, sehe Nicki und Kira auf mich zurennen. Nein, die beiden kann ich jetzt ganz bestimmt nicht gebrauchen. Das Allerletzte, was mir noch fehlt, ist ein »Siehst du, das haben wir dir doch gleich gesagt!«. Also hetze ich weiter, halte mir die Ohren zu und laufe, so schnell ich kann.

Im Schulgebäude biege ich zielstrebig nach rechts ab und renne in die Mädchentoilette. So heftig stoße ich eine Kabinentür auf, dass sie krachend an die dünne Trennwand schlägt und diese angstvoll erzittern lässt. Ich stürze hinein und verschließe den Riegel. Endlich! Allein! Die Welt da draußen ist ausgesperrt!

Ich will erleichtert aufatmen, lasse es aber lieber sogleich und halte mir stattdessen die Nase zu: Was für ein Gestank! Aber so eklig er auch ist, so gibt er mir doch das Gefühl, hier am absolut richtigen Platz zu sein, jetzt genau hierhin zu gehören. Ich stoße ein bitteres Lachen aus und gucke mich um: Die Wände sind über und über beschmiert mit Sprüchen wie »Hanna und Tim in love« oder »Justin, ich will ein Kind von dir«. Was für ein Blödsinn! Da an der Seite steht »Fuck you«, das ist schon besser. »99 Prozent der Jungs sind hübsch. Der Rest geht auf meine Schule.« Auch nicht schlecht.

Mein Blick fällt auf das Klo. Der Deckel ist abgerissen, die Brille sitzt schief. Auf ihr sind gelbe Sprenkel zu sehen. Mir wird schlecht. Das ist genau das Gefühl, das ich jetzt brauche. Grimmig beuge ich mich über die Schüssel und betrachte mit grausamer Zufriedenheit die braunen Schmierspuren. Jetzt, endlich, ist es so weit, mein Stein im Bauch löst sich, rumpelt nach oben und wird mit lautem Würgen nach draußen befördert. Ich brülle los, haue mit meinen Fäusten gegen die Kabinenwand, weine, schreie, trete gegen die Tür und lasse mich schließlich schluchzend mit dem Rücken an der Wand auf den Boden sinken. Jetzt, wo ich der Kloschüssel wieder ganz nahe bin, finde ich auch endlich meine verloren gegangene Sprache wieder: »Scheiße, scheiße, scheiße!«, fluche ich. Und dann, laut und deutlich: »Elias, du bist ein riesengroßes Arschloch!«

Und das, liebe Frau Hein, ist wirklich die beste Metapher von allen!

gejagt

Ich renne durch einen dunklen Wald. Immer wieder blicke ich mich gehetzt um, stolpere über Wurzeln oder Steine, rapple mich panisch auf und fliehe weiter.

Ein riesengroßer Braunbär jagt mich. Wenn ich mich umdrehe, richtet er sich drohend auf und brüllt mit weit aufgerissenem Maul los. Dann lässt er sich wieder schwer auf seine Vorderpfoten fallen und die Jagd geht weiter.

Endlich habe ich den Waldrand erreicht. Vor mir liegt eine freie, stark abschüssige Wiese. Ich laufe weiter und weiter, doch der Bär ist schneller als ich und hat mich fast erreicht. Ein letztes Mal stürze ich, rolle ein Stück den Hang hinunter und bleibe schließlich hilflos auf der Seite liegen. Ich weiß, jetzt ist es aus mit mir, der Bär hat mich eingeholt. Ein letztes Mal brüllt er laut auf, bevor er seine Fangzähne in meine Hüfte schlägt. Dann wird alles schwarz. Gott sei Dank, es ist vorbei.

Wie oft habe ich das geträumt, als ich noch klein war. Immer wieder hatte ich diesen Albtraum von dem Bären, der mich jagt und in die Seite beißt. Schrecklich war das, aber durch die regelmäßige Wiederkehr auch tröstend. Denn wenn ich laut schreiend, nass geschwitzt und mit laut pochendem Herzen erwachte, wusste ich, dass ich nur eines tun musste: mich einkuscheln und warten, bis ich ein zartes Geräusch an der Tür hörte und eine leise Stimme, die mir beruhigend zuflüsterte: »Alles in Ordnung, Amelie, das war nur ein schlechter Traum.«

Das Erwachen aus *diesem* Albtraum hat absolut nichts Tröstendes oder Kuscheliges. Noch immer hocke ich auf dem Toilettenboden und starre die Sprüche an der Wand an. In diesem Moment höre ich ein zartes Geräusch an der Tür, dann eine leise Stimme: »Alles in Ordnung, Amelie?«

Ich schüttle stumm den Kopf, was durch die Tür natürlich nicht zu sehen ist. Hektisches Geflüster ist jetzt zu hören, dann klopft jemand, wartet kurz ab, drückt die Klinke herunter, vergeblich. Plötzlich fällt mir auf, wie kalt der Fliesenboden ist, auf dem ich sitze.

»Amelie, bitte, mach auf!«

Das ist eindeutig Nicki. Seine Stimme bebt vor Angst,

so habe ich sie noch nie gehört. Warum spricht er eigentlich nicht in Alliterationen, frage ich mich mit einem Anflug von Galgenhumor. »Elias endet ewig einsam«, wäre doch beispielsweise ganz nett.

»Los, Amelie, komm raus! Oder lass uns rein, ganz egal, aber mach jetzt bloß keinen Quatsch!«

Kira, wie immer viel ungeduldiger. Und wütend. Auf wen?

Vorsichtig strecke ich meine angewinkelten Beine aus, die ich unter der Trennwand hindurch bis in die nächste Kabine schieben muss, um sie ganz durchstrecken zu können. Wenn jemand jetzt dort auf dem Klo hockt, wundert sie sich bestimmt über die beiden fremden Füße, die plötzlich zu Besuch kommen.

Als einen letzten Versuch, alles da draußen auszusperren, schlage ich beide Hände vors Gesicht. Doch ein leises »Pling« vor der Tür zeigt mir sofort an, dass das aussichtslos ist. Ein zweites ist zu hören. Schließlich ein drittes, aber dieses kommt eindeutig aus meiner Schultasche. Einen Moment starre ich verständnislos darauf, als wüsste ich nicht, wie man sie öffnet. Dann aber schaffen es meine Hände, das Handy herauszuziehen. Nach dem Entsperren tippe ich die Nachricht an. Nein, ich bin nicht einmal mehr überrascht und irgendwie tut es nicht einmal mehr weh.

Draußen bricht jetzt Tumult los. »Guck dir das an!«, »So ein Mistkerl, na warte!«, »Dieser Arsch!«

He, das mit dem Arsch war meine Metapher. Merkwürdig ruhig stehe ich auf.

Nicki und Kira brüllen und fluchen, was das Zeug hält. Schließlich richten sie ihre ganze wütende Energie gegen die Toilettentür. So wild hämmern sie dagegen, dass ich mich nicht traue, sie zu öffnen, aus Angst, dass sie mir dann ins Gesicht fliegt. »Schon gut, schon gut, hört auf! Ich komme ja raus!«

Abrupt hört das Hämmern auf. Ich drehe den Riegel um, öffne die Tür und trete nach draußen.

Nicki und Kira sehen mich aufgebracht an. Ihre Gesichtsfarben könnten es mühelos mit jeder überreifen Tomate aufnehmen. Allerdings fürchte ich, dass meine brennenden Wangen nicht viel besser aussehen.

»Gut, dass du dir deine Augen nicht schminkst«, bemerkt Kira schließlich trocken. »Du siehst auch so schon beschissen genug aus.«

Danke auch.

»Arme Amelie«, flüstert Nicki. Wenigstens eine Mini-Alliteration, er kann wohl nicht anders. Ich muss lächeln. Dann tut Nicki etwas, was er schon hundertmal in unserem Leben gemacht hat und das doch heute ganz anders ist als jemals zuvor: Er nimmt mich in den Arm.

Das tut gut, einfach nur gut. Ein wohliger Schauer durchläuft mich und ich schließe die Augen. Doch schnell öffne ich sie wieder verblüfft: Ist Nicki gewachsen? Wir waren doch immer gleich groß, aber warum stößt dann mein Kopf vor seinen Brustkorb? Ich gucke in sein Gesicht, das mir noch viel näher ist als Elias' vor gefühlten vielen Stunden, die tatsächlich wohl nur Minuten waren: Hat Nicki etwa auch dunkle Härchen an der Oberlippe?

Verlegen grinsend erwidert er meinen erstaunten Blick und nimmt schüchtern meine Hand. Doch dann geht Kira dazwischen.

»So, wir gehen zum Schulleiter, jetzt sofort, hört ihr?«

»Warum?«

»Warum?«, erwidert Kira fuchsteufelswild. »Weil dein Bild gerade in unseren Klassenchat geschickt wurde! Und sicherlich noch in viele andere! Darum!« Sie hält ihr Handy gut sichtbar in die Höhe, doch als sich unsere drei Blicke auf den nackten Busen richten, senkt sie es schnell wieder. »Und das muss jetzt sofort aufhören! Also, wer kommt mit?« Kämpferisch klirrend stemmt sie ihre Arme in die Hüften.

»Niemand. Und du auch nicht«, entgegne ich fast ganz ruhig.

»Was? Spinnst du jetzt total?«

»Nein, im Gegenteil. Wartet mal.« Unter Nickis und Kiras ungläubigen Blicken fummle ich mit nur ganz leicht zitternden Fingern erneut mein Handy aus meiner Tasche. Unter den Kontakten suche ich den heraus, der mir ohnehin als Erstes angeboten wird. Dann beginne ich zu schreiben:

Hey Elias,

toll, dass dir mein Bild so gut gefällt, dass du es weiterverbreitest! 👍

Hättest du nicht auch Lust, ein Oben-ohne-Bild von dir zu verschicken? Dann müsstest du nur deinen Kopf fotografieren, denn da ist wirklich absolut kein Hirn drin: Sonst hättest du sofort bemerkt, dass das Bild gefakt ist. Klar, es ist mein Kopf, aber den habe ich auf den Körper von Emilia Clarke montiert. Da dir ihr Busen aber so gut gefällt, schreibe ihr doch! Obwohl – ich glaube eigentlich nicht, dass sie sich für einen Typen wie dich interessiert. Warum sollte sie auch, Idioten gibt es ja nun wirklich genug. Sorry, tut mir echt leid, nimm's nicht persönlich, okay?

LG 😗

Amelie

08:24 ✓✓

Ich sende den Text ab und schicke noch die beiden Fotos hinterher, aus denen ich vor ein paar Tagen in meinem Zimmer das Oben-ohne-Bild erstellt habe. Nicki und Kira haben sich mittlerweile dicht neben mich gestellt und beobachten mit offenen Mündern, wie ich den gesendeten Text und die Fotos noch einmal anklicke und sie nacheinander an jeden Gruppenchat weiterleite, den ich unter meinen Kontakten finde: die Klasse, die Sport-AG, den Theaterkurs und noch zwei weitere. Mehr ist nicht nötig. Ich bin sicher, dass sich meine Nachricht ab jetzt sehr schnell von selbst verbreiten wird. Zufrieden fahre ich mein Handy herunter. Heute brauche ich es ganz sicher nicht mehr.

Ohne mich noch einmal nach Nicki und Kira umzusehen, schnappe ich mir meine Tasche und verlasse die Toilette. Als ich die Gebäudetür öffne und auf den Schulhof trete, sehe ich, dass dort immer noch genauso viele Schüler versammelt sind wie vorhin. Okay, jetzt gilt es, möglichst unbeschadet den Rückzug über den Schulhof anzutreten. Ich schaffe es, meinen Rücken durchzustrecken und den Kopf anzuheben. Langsam und hoffentlich einigermaßen würdevoll gehe ich zielstrebig auf das Schultor zu.

Ich scheine plötzlich göttliche Kräfte zu besitzen, denn dort, wo ich langgehe, verstummen alle, die gerade noch aufgeregt rufend auf ihr Handy gezeigt haben, und machen mir Platz. Die Menge vor mir teilt sich wie das Wasser vor Jesus, als er durchs Meer ging. Oder war das gar nicht Jesus? War der nicht eher damit beschäftigt, Wasser in Wein zu verwandeln? Moses, wie ist es mit Moses? Der hat doch sein Volk durch irgendein Gewässer geführt, ohne sich dabei auch nur einen einzigen Strumpf nass zu machen?

Unglaublich, über was für einen Blödsinn man in den unmöglichsten Situationen nachdenkt.

Hoch erhobenen Hauptes und mit absolut trockenen Füßen erreiche ich schließlich das Tor und durchschreite es wie eine Königin, mindestens! Als ich um die Ecke biege, ist es mit meiner Fassung dann leider wieder vorbei: Meine Augen verweigern mir erneut klare Sicht und mein Rücken verliert seine Standfestigkeit. Bevor ich in diesem Zustand jemandem begegne, fange ich lieber an zu rennen, stelle mir, um mich anzutreiben, wieder diesen verflixten Bären meiner Kindheit vor, hetze durch den Wald, laufe auf den Abhang zu, versuche aber nicht zu stolpern, um einmal, wenigstens einmal nur nicht gebissen zu werden und alles zu einem guten Ende zu führen.

Ich schaffe es. Zwar völlig verrotzt, aber heil komme ich zu Hause an. Schniefend und halb blind suche ich meinen Schlüssel in meiner Tasche, finde ihn nicht, verdammt, ich kippe den Inhalt kurzerhand auf die Stufen vor dem Haus, und während ich kopflos darin herumwühle, öffnet sich plötzlich die Haustür von selbst. Wie kann das denn sein, es ist niemand zu Hause, Mama und Papa sind doch bei der Arbeit? Völlig perplex hebe ich den Kopf und wische mir über die Augen, um besser sehen zu können.

Im Gegensatz zu mir hat sich Mama heute Morgen wohl leider doch geschminkt. Denn sie sieht wirklich richtig beschissen aus.

schräge runde

Mein Zeigefinger fährt die leicht geschwungenen Linien der Holzmaserung entlang. An einem Astloch stockt er kurz und befühlt die scharfkantige Kuhle genauer. Dann gleitet er weiter bis zum Ende des Esstisches, setzt ab und kehrt an anderer Stelle die Linien entlang zu mir zurück.

Ab und zu schaue ich kurz auf. Mama sitzt einfach nur da und stiert vor sich hin. Sie sieht wirklich schlimm aus: Die Augen klein und verschwollen mit verschmierten schwarzen Rändern, die Nase dick und rot. Ihren Kopf hält sie schwer auf eine Hand gestützt, die ein zusammengeknülltes Taschentuch umklammert. Jetzt zerrt sie an dem oberen Knopf ihrer feinen weißen Bluse, als würde sie keine Luft mehr bekommen. Der Knopf springt ab und gibt sie frei und Mama verlegt sich wieder aufs bewegungslose Starren.

»Was machst du denn überhaupt hier zu Hause?«, traue ich mich schließlich leise zu fragen. »Musst du nicht arbeiten?«

Mama stößt ein bitteres Lachen aus. »Doch, eigentlich schon, aber heute ganz bestimmt nicht mehr.«

»Ach so.«

Eine Weile vergeht wieder mit Zeigefingerfahrt und dumpfem Brüten. Doch dann hebt Mama plötzlich den Kopf und will überrascht von mir wissen: »Und du, was machst du hier? Musst du denn nicht in der Schule sein?«

»Doch, eigentlich schon, aber heute ganz bestimmt nicht mehr.«

»Ach so.«

Oh Mann, wenn es Mama plötzlich egal ist, ob ich etwas lerne oder nicht, muss es ihr wirklich schlecht gehen. Plötzlich springt sie auf, läuft die Treppe hoch und verschwindet in ihrem Schlafzimmer. Wenige Minuten später kehrt sie zurück und setzt sich wieder an den Tisch. Statt feiner Bluse und Bürorock trägt sie Jogginghose und Schlabberpulli. Lange habe ich sie so nicht mehr gesehen, und in diesem Moment wird mir klar, wie sehr ich das vermisst habe, wie sehr ich *sie* vermisst habe.

»Aber morgen gehst du wieder hin?«, frage ich schüchtern nach, kann aber wohl nicht ganz die Hoffnung in meiner Stimme verbergen.

»Hm«, macht Mama nur, wendet aber nach einer Weile den Kopf und sieht mich endlich an, ich meine, sie sieht mich *wirklich* an. »Das war alles nicht so schön in letzter Zeit für dich, stimmt's?«, fragt sie und fügt sanft hinzu: »Das tut mir leid, wirklich.«

Oje, so war es schon immer. Kaum bemitleidet mich Mama und sagt mir etwas Liebes, wollen die bis dahin mühsam zurückgehaltenen Tränen unbedingt hinaus. Ich kann doch jetzt nicht schon wieder anfangen zu heulen! Tapfer würge ich den Kloß in meinem Hals herunter und nicke kaum merklich.

Mamas Hand überquert die Holzmaserung, ergreift meine und drückt sie sachte.

»Bei dir ist es wohl auch nicht so gut gelaufen, was?« Ich räuspere mich und lächle zaghaft.

»Nein, ist es nicht, wirklich nicht.« Mama richtet sich entschlossen auf. »Aber jetzt ist Schluss mit diesem ganzen Mist. Am liebsten würde ich die letzten Wochen und Monate einfach vergessen!« Dann sieht sie mich forschend an. »Und was war bei dir heute los? Gab's Ärger in der Schule?«

Na ja, so könnte man es auch ausdrücken. Ich überlege gerade, wo ich überhaupt anfangen soll, schließlich haben Mama und ich einiges aufzuholen, als ich höre, wie die Haustür aufgeschlossen wird.

Ich werfe Mama einen überraschten Blick zu, aber sie bleibt einfach seelenruhig sitzen und scheint sich nicht im Mindesten zu wundern, als Papa ins Wohnzimmer kommt. Er trägt eine große Tüte bei sich.

»Nanu, Amelie, was machst du denn hier? Hast du denn keine ...«

»Doch, eigentlich schon, aber heute ganz bestimmt nicht mehr«, antworten Mama und ich wie aus einem Munde.

»Okay, okay«, wehrt Papa mit erhobenen Händen lachend ab. Überhaupt sieht er so fröhlich aus wie schon lange nicht mehr.

»Und du, Papa, musst du denn nicht arbeiten?«

»Doch, aber auch heute nicht mehr.« Papa zwinkert mir zu. »Deine Mutter hat mich angerufen und gemeint, es sei mal wieder Zeit für ... Tatatata!« Schwungvoll stellt Papa die Tüte auf den Tisch, greift hinein und zieht ein großes Tablett heraus.

»Streuselkuchen!«, stelle ich verblüfft fest.

Mama steht lächelnd auf. »Dann hole ich mal die Gabeln!«

»Den Sahnelöffel bitte nicht vergessen!«, ruft ihr Papa hinterher. Oder nein, er ruft nicht, er jubelt eher.

Da klingelt es an der Tür. Mama öffnet und kurze Zeit später stürmen Nicki und Kira ins Wohnzimmer.

»Amelie!«, ruft Nicki erleichtert.

»Streuselkuchen«, meint Kira begeistert.

»Nicki, wie schön, dich mal wiederzusehen«, meint Papa, während er an dem Kuchen rumnestelt. Dann guckt er Kira an. »Und wer ist diese junge Dame?«

»Ich bin Kira, Amelies Freundin«, stellt sich Kira selbstbewusst vor.

Amelies Freundin, das klingt gut, sehr gut sogar. Und es stimmt.

»Na, dann setzt euch mal«, meint Papa und kramt ein paar Teller hervor. »Ich habe genug Kuchen eingekauft. Er müsste für uns alle reichen. Es ist nur die Frage …«

Ein Klingeln an der Haustür unterbricht ihn. Mama prustet los und auch ich muss lachen. Was ist denn heute nur los, mitten am Tag an einem ganz normalen Mittwoch? Eigentlich fehlt nur noch einer …

Er ist es. Nachdem Papa aufgemacht hat, betritt Nickis Vater das Wohnzimmer.

»Ach, Wolfgang, wie nett, dich mal wiederzusehen!« Mama steht begeistert auf und umarmt Nickis Vater stürmisch. Da sie viel größer ist als er, presst sie dabei seinen Kopf an ihre Brust, und als sie die Umarmung lockert und er wieder auftaucht, sitzt seine Brille ganz schief auf seiner Nase. Grinsend und etwas verlegen bugsiert er sie schnell wieder hoch.

»Wahrscheinlich musst du heute auch nicht mehr arbeiten«, bemerke ich trocken.

»Stimmt genau«, stimmt mir Nickis Vater begeistert zu. »Nicki hat mir eine ganz komische Nachricht geschickt und da wollte ich besser persönlich nach dem Rechten sehen.« Noch während er spricht, fliegen bereits Krawatte und Anzugjacke quer durchs Zimmer in Richtung Sofa.

Gerührt nicke ich. Auf Nickis Vater ist eben Verlass. Auf sie alle, meine Freunde und Familie, ist Verlass.

Mittlerweile steht Papa ratlos vor dem Kuchentablett. »Ich glaube, langsam wird's doch ein bisschen knapp. Ich laufe lieber noch mal schnell zum Bäcker und hole Nachschub.« Und schon ist er weg.

Nicki und Kira lassen sich auf die Stühle fallen. »Sag mal, hast du deiner Mutter ...«, beginnt Kira, bricht dann aber nach einem bedeutungsvollen Blick auf Mama ab.

»Nein, habe ich nicht«, entgegne ich. »Aber da gibt es doch auch gar nicht viel zu erklären. Manches läuft eben einfach mies. Man lernt jemanden kennen, findet ihn ganz toll, und dann entpuppt er sich als totaler Vollidiot. Kommt vor, oder?« Ich grinse Mama an und die zwinkert verschwörerisch zurück.

»Wenn du irgendwann mal Lust hast, kannst du mir ja

alles ganz genau erzählen«, fügt sie noch leise hinzu und streichelt wieder kurz über meine Hand.

Ja, irgendwann bestimmt.

Auch Nickis Vater hat sich inzwischen zu uns gesetzt. »So richtig komme ich zwar nicht mit, aber wenn ich nicht völlig falschliege, ist jetzt wieder alles in Ordnung?« Fragend schaut er von mir zu Nicki und wieder zurück, wobei er nach jeder Wendung des Kopfes seine Brille wieder hochschieben muss.

Ich nicke Nicki und auch Kira zu und forme mit den Lippen die Worte: Es tut mir leid, ehrlich! Kira lächelt und hebt versöhnlich den Daumen und Nicki strahlt übers ganze Gesicht. »Ja, sieht ganz so aus«, stößt er erleichtert hervor.

»Umso besser!« Nickis Vater reibt sich vergnügt die Hände, während er unterm Tisch die Schuhe von den Füßen schleudert. »Dann können wir endlich mal wieder Pläne machen, oder was meint ihr? Wie wäre es zum Beispiel mit einem gemeinsamen Wochenende auf dem Campingplatz?«

Bevor ich etwas erwidern kann, winkt Nicki schon energisch ab. »Nein, lass mal, Papa, Camping ist, glaube ich, keine so gute Idee. Wir können doch auch mal was ganz anderes machen, Amelie und ich, meine ich.«

Während Nickis Vater ein leicht beleidigtes Gesicht

zieht, schauen Nicki und ich uns an. »Feste Freunde feiern fantastisch«, flüstert er mir grinsend zu.

In diesem Moment kommt Papa zurück und kurze Zeit später steht er messerschwingend vor dem Kuchentablett. »Wer hat den größten Hunger?«, ruft er gut gelaunt. »Wer will das erste Stück?«

»Genau genommen mag ich nur die Streusel«, gibt Kira unverblümt zur Antwort.

»He, ich auch.« Ich knuffe sie in die Seite.

»Das macht doch nichts, Mädels«, meint Mama beschwichtigend, »ihr teilt euch die Streusel und ich esse den Teig. Den mag ich sowieso am liebsten.«

»Genau wie ich«, ergänzt Nicki.

Papa kratzt sich ein wenig ratlos am Kopf. »Okay, also zweimal Streusel.« Statt zu schneiden, schabt er mit dem Messer über den Kuchen und kippt Kira und mir je ein Streuselhäufchen auf unsere Teller. Dann säbelt er an dem nackten Teig herum und reicht Mama und Nicki zwei große Stücke.

»Und ich?«, fragt Nickis Vater erwartungsvoll und klimpert vorsichtshalber schon einmal mit der Kuchengabel.

»Äh, wie wäre es mit der Sahne? Davon habe ich noch reichlich. Wir müssten sie uns aber teilen«, fügt Papa hastig hinzu.

»Ist geritzt«, meint Nickis Vater und hält Papa eifrig den Teller hin, auf dem schwungvoll ein großer weißer Klacks landet.

Vergnügt beginnen alle zu essen und bald ist nichts mehr außer lauten Schmatzgeräuschen zu hören.

In meinem Inneren aber wird es ganz still. Ich blicke in die Runde, schaue sie alle nacheinander an. Nickis Vater, der immer wieder zwei Finger gleichzeitig in die Sahne tunkt und beim Ablecken seinen runden, glänzenden Kopf genießerisch so weit nach hinten legt, dass sein speckiger Nacken dicke Falten wirft. Kira, die zum ersten Mal, seit ich sie kenne, alle ihre Armreifen abgelegt und sich mit einem Zopfgummi die Haare und Strähnen aus dem Gesicht gebunden hat und plötzlich so klein und verletzlich aussieht. Papa, der überglücklich vor sich hin schleckt und Mama dabei nicht einen Moment aus den Augen lässt. Mama, die ihn lächelnd um ein wenig Sahne bittet, diese auf ihre Serviette schmiert und sich damit kurzerhand die schwarzen Schminkreste von den Augen entfernt. Zum Schluss bleibt mein Blick an Nicki hängen, der plötzlich so anders ist, anders als früher, aber immer noch da, unverrückbar und felsenfest.

Ich spüre, wie Elias sich langsam von mir entfernt, nicht ganz, aber doch so weit, dass er zur Seite rückt und

Platz macht für alle diese seltsamen Menschen, die mich hier umgeben. Lange konnte ich sie nicht mehr sehen. Zu viel Raum nahm Elias ein und verstellte mir so den Blick auf die, die auch wichtig sind.

Und auf unbegreifliche Weise verstellte er mir sogar den Blick auf mich selbst.

alte neue welt

Alles ist wie immer, doch ganz anders als vorher.

Wir haben helllichten Tag. Meine Zimmertür ist weit geöffnet. Ich stehe vor dem Spiegel und betrachte mich.

Ja, diese olivgrüne Bluse, die ich damals mit Kira gekauft habe, steht mir wirklich richtig gut. Das rosafarbene Spaghetti-Top habe ich daruntergezogen, die beiden Farben passen super zusammen. Ich öffne die drei oberen Blusenknöpfe. So ist es besser, dann ist mehr vom Top zu sehen.

Meine Haare sind zu einem Dutt hochgesteckt, ich trage die goldenen Creolen und auch die neue Jeans. Mehrfach drehe ich mich vor dem Spiegel, betrachte mich von allen Seiten. Ja, das hat was, Sanduhr hin oder her, ich sehe gar nicht schlecht aus.

Mein Handy meldet sich oder, besser gesagt, es fleht

mich an. Ich seufze. Das geht jetzt schon seit einigen Tagen so. Elias versucht fast unaufhörlich, mich anzurufen. Diverse Nachrichten hat er mir auch schon geschickt. »Amelie, es tut mir so leid! Das wollte ich nicht! Bitte, ruf mich an!« Dahinter drei weinende Emojis.

Langsam nervt er mich, also werde ich es hinter mich bringen. Ich gehe ran.

»Endlich!« Elias lächelt mich erleichtert an. »Hör zu, Amelie, ich kann dir das erklären! Das ist nicht so, wie du denkst!«

Elias legt eine Pause ein und sieht mich erwartungsvoll an. Was soll ich darauf denn antworten? »Ach, alles nicht so schlimm, vergessen wir's« vielleicht? Nein, den Gefallen kann ich ihm nun wirklich nicht tun. Also antworte ich das Einzige, das mir passend erscheint: nichts.

Elias räuspert sich verlegen. »Äh, also, ich habe Ben und Matthis das Bild doch nur mal so gezeigt, weil du … es so toll aussah, deswegen! Nur, um ihnen zu zeigen, dass du …« Er bricht ab.

»Dass ich was?«, frage ich eisig.

»Also, ich meine … Mensch, Amelie, nun mach's mir doch nicht so schwer! Es ist doch gar nichts passiert!«

»Es ist WAS?« Ich beuge mich fassungslos vor. »Es ist nichts passiert, meinst du? Passiert deiner Meinung nur etwas, wenn ein Erdbeben einen Vulkanausbruch auslöst, der dann unseren gesamten Planeten mit glühender Lava bedeckt? Sag mal, kapierst du eigentlich gar nichts?«

Elias schweigt betreten.

Aber jetzt will ich es genau wissen. »Es waren also nicht Ben und Matthis, die die Idee mit dem Foto hatten?«

Statt mir zu antworten, senkt Elias schnell den Blick.

Aha, also doch. Ich bohre weiter. »Und du hast es ihnen nicht versprochen, um ihnen zu beweisen, was für ein toller Kerl du bist, der bekommt, was immer er will?«

Jetzt senkt er nicht nur den Blick, sondern gleich den ganzen Kopf, und ich kann nur noch seine gescheitelten braunen Locken sehen. Vielleicht wirft er sich ja nach meiner nächsten Bemerkung bäuchlings auf den Boden.

»Und dabei war es dir vollkommen egal, dass wir beide …« Plötzlich fühlt sich mein Hals ganz eng an und macht es mir unmöglich, weiterzusprechen. Ich schlucke und versuche es noch einmal. »Wie konntest du vergessen, dass wir …« Nein, es geht nicht, ich bekomme keinen ganzen Satz mehr heraus.

Der Kopf hebt sich jetzt doch wieder und Elias' Gesicht erscheint. »Amelie, das mit uns ist mir nicht egal, überhaupt nicht, das musst du mir glauben! Und vergessen habe ich schon mal gar nichts! Im Gegenteil«, Elias stockt einen Moment und redet dann viel leiser

weiter, »in den letzten Tagen denke ich oft daran.«
Bittend schaut er mir in die Augen, und ich habe das
Gefühl, dass er es sogar ehrlich meint. Fast tut er mir ein
bisschen leid. Aber nur fast.

»Wir könnten uns doch mal treffen, so richtig, meine
ich?«, schlägt er leise vor.

Ja, das könnten wir. Nicht so bald, aber irgendwann
einmal, vielleicht. Es wird sich zeigen. »Mal sehen«,
meine ich und in diesem Moment klingelt es unten an
der Haustür. Ich höre, wie Mama aufmacht und mit jemandem spricht.

»Ich muss jetzt aufhören«, sage ich knapp. »Man sieht
sich.« Dann schließe ich den Kontakt, bevor Elias pro-
testieren kann.

Laut ruft Mama nach mir. »Ich komme schon«, rufe
ich zurück, schnappe mir meine Tasche und laufe die
Treppe herunter. Das muss Nicki sein, der gekommen
ist, um mich abzuholen.

Wir wollen ins Kino.

im original

Wie von selbst gleiten meine Finger über die Tasten, nicht einmal mehr hinschauen muss ich, so oft habe ich das schon gemacht. Ich öffne meine Bildergalerie, wähle zwei Fotos aus, lade sie hoch, schneide bei einem den Kopf aus, kopiere ihn in die Zwischenablage und füge ihn in das andere Bild ein.

Klack, klack, klack, meine Finger springen zu immer neuen Befehlen. Ich gestalte den Übergang weicher, verstärke Kontraste und Helligkeit, repariere und korrigiere.

Hm. Zum ersten Mal habe ich nicht meinen Kopf auf den Körper eines Models montiert, sondern es umgekehrt gemacht: Gigi Hadid trägt jetzt mein neues sandfarbenes Shirt mit dem U-Boot-Ausschnitt. Und es sieht tatsächlich gut aus!

Dann aber muss ich doch lachen. Das alles ist zwar ganz lustig, aber doch irgendwie schräg. Am besten bleibt alles und jede so, wie sie ist, im Original. Ich will die Seite schließen, aber mein Laptop möchte es ganz genau wissen und fragt nach, was es mit dem Bild machen soll.

Ich muss nicht lang überlegen. Entschlossen klicke ich auf »Nicht speichern«.

Bevor **Jutta Nymphius** sich ganz dem Schreiben widmete, studierte sie in Köln und Florenz italienische, deutsche und spanische Literatur und arbeitete viele Jahre als Lektorin für Kinder- und Jugendbücher. Spannend und mit feinem Humor erzählt sie nun ihre im Grunde von ernsten Themen handelnden Geschichten. Sie setzt sich in besonderem Maße für die Leseförderung ein und ist Mitbegründerin der »Elbautoren«.

Irmela Schautz, geboren 1973 in Ravensburg, ist Illustratorin und Spezialistin für das besondere Buch. Sie studierte Malerei, Grafik sowie Bühnen- und Kostümbild und arbeitet seit 2005 als freie Illustratorin. Ihre vielfältige Arbeit wurde mit nationalen und internationalen Preisen geehrt. Seit 2012 lehrt sie an der Akademie für Illustration und Design in Berlin.

Besucht uns auf ▣ Facebook und ▣ Instagram!

TULIPAN-Newsletter
Tolle Lesetipps kostenlos per E-Mail!
www.tulipan-verlag.de

© Tulipan Verlag GmbH, München 2020
Alle Rechte vorbehalten
1. Auflage 2020
Text: Jutta Nymphius
Umschlagillustration: Irmela Schautz
Layout und Satz: Tulipan Verlag, Stephanie Raubach
Druck: GGP Media GmbH, Pößneck
ISBN 978-3-86429-486-0

FSC
www.fsc.org
MIX
Papier aus ver-
antwortungsvollen
Quellen
FSC® C014496